HEGEL

DU MÊME AUTEUR

Hegel, philosophe de l'histoire vivante, Presses Universitaires de France, 1966, coll. « Épiméthée ».

En préparation :

Hegel secret (Recherches sur les sources cachées de la pensée de Hegel).

« PHILOSOPHES »

HEGEL

SA VIE, SON ŒUVRE

avec un

EXPOSÉ DE SA PHILOSOPHIE

par

JACQUES D'HONDT

Agrégé de l'Université
Docteur ès Lettres

PRESSES UNIVERSITAIRES DE FRANCE
108, Boulevard Saint-Germain, Paris
1967

LA VIE

On prêtait à Hegel une vie calme, limpide, unie. Quelle méprise ! Simplement, la prudence du philosophe s'était alliée aux circonstances pour en cacher les traverses et les tourments. La recherche érudite révèle maintenant ces secrets, mais elle ne réussit pas encore à effacer la désagréable caricature de Hegel que Lucien Herr avait naguère tracée : « Le Souabe bonhomme et raide, au travail régulier et tenace, l'homme d'intellectualité pure, sans vie extérieure, l'homme à l'imagination interne puissante, sans charme et sans sympathie, le bourgeois aux vertus modestes et ternes, et, par-dessus tout, le fonctionnaire ami de la force et de l'ordre, réaliste et respectueux. »

En fait, dans une époque troublée, Hegel a mené anxieusement une existence rendue souvent précaire par la misère, les tiraillements familiaux, les conséquences désastreuses des guerres, la mesquinerie des autorités. Et ces difficultés pratiques exacerbaient ses inquiétudes intellectuelles.

Il associa étroitement son projet spirituel au destin de son temps. Nul philosophe, avant lui, n'avait plus délibérément refusé de se replier sur soi, de se calfeutrer dans sa subjectivité. Les incidents de l'actualité tenaient son esprit en alerte, et il prétendait que « la lecture des journaux est une sorte de prière du matin réaliste ».

Contraint, pour survivre, de pratiquer bien des métiers et d'émigrer de pays en pays, dans l'Allemagne divisée, Hegel n'a pas été épargné par le tourbillon des événements, et il en a fait l'objet principal de ses méditations.

Pour attirer son attention, la ruse de l'histoire ne pouvait mieux manœuvrer : elle fit naître son philosophe à Stuttgart, en 1770, afin qu'il s'éprît, à vingt ans, de la jeune Révolution française.

Georg, Wilhelm, Friedrich Hegel, étudiant à Tübingen, précepteur en Suisse et à Francfort, a observé de très près, et avec un intérêt passionné, les actes successifs du grand drame français. A la fin de sa vie, en pleine Restauration fanatique et brutale, il ne craindra pas de proclamer que la Révolution française constitue le fait historique le plus décisif depuis l'apparition du christianisme.

Comment aurait-il pu y rester indifférent ? Sa famille avait souffert de l'intolérance religieuse. Chaque année, chez les Hegel, on commémorait avec ferveur le geste de l'ancêtre, un modeste ferblantier, qui, au XVIe siècle, dut abandonner sa Carynthie natale, soumise à un prince catholique, pour ne pas renier sa foi luthérienne. Il s'était réfugié en Souabe et ses descendants appartenaient à la petite bourgeoisie intellectuelle, la classe sociale la plus sollicitée, en Allemagne, par l'élan révolutionnaire français.

Le père de Hegel, fonctionnaire des finances, ne disposait que de revenus modestes. Il éleva dignement ses trois enfants : notre philosophe ; son frère aîné qui devint officier et mourut en 1812 ; sa sœur

cadette, Christiane, affligée d'un caractère maladi-
vement jaloux, qui se suicida en 1832.

Au gymnase de Stuttgart, le jeune Hegel, collégien
modèle, dirigé par de fort bons professeurs, se
familiarisa avec les idées nouvelles répandues par
l'*Aufklärung*, la philosophie allemande des « Lumières ». Il fit preuve, dans son travail, d'une grande
précocité d'esprit et d'un grand sérieux.

Lorsqu'il eut dix-huit ans, on l'engagea dans des
études théologiques qui, officiellement, devaient le
préparer à la fonction de pasteur. Sa mère, morte
quand il était encore très jeune et dont il gardait
pieusement le souvenir, avait sans doute souhaité
pour lui cette destinée. En tout cas, l'inscription à la
fondation protestante de Tübingen, le célèbre *Stift*,
lui offrait la seule chance de poursuivre ses études et
de devenir un « intellectuel », car elle rendait possible
l'octroi d'une bourse ducale. Hegel suivit l'exemple
de tant d'autres jeunes gens intelligents et pauvres
qui se procuraient une culture en laissant espérer
une vocation.

Le voici donc au *Stift*. Situation humiliante, dans
ces conditions, à bien des égards, et ressentie comme
telle par les étudiants et par quelques-uns de leurs
maîtres. Elle leur inspire le désir d'un autre ordre
des choses, le rêve d'un monde plus sincère, plus
libre, plus fraternel.

Mais dans l'Allemagne du xviiie siècle, écono-
miquement retardataire, politiquement désarticulée,
écrasée par des tyrannies particularistes, un tel rêve
n'a aucun moyen de se réaliser, ni même, en Wurtemberg, de s'exprimer clairement et publiquement.
Les *Stiftler* ont le sentiment de vivre dans une nation

endormie. Ils trouvent d'autant plus facilement le loisir d'enjoliver leurs songes qu'ils ont moins l'occasion d'agir efficacement.

Ils n'ont pas tous le courage de déjouer cette fatalité en quittant leur pays et en se mettant directement au service de la France novatrice, comme le firent plusieurs d'entre eux. Une telle conduite ne pouvait que rester exceptionnelle, et la plupart des *Stiftler*, prisonniers d'un monde étriqué, englués dans la « misère allemande », n'allèrent jamais jusqu'au bout de leurs idées.

Tel fut le cas, parmi d'autres, des condisciples extraordinaires qui, au *Stift*, devinrent les amis intimes de Hegel, promis comme lui à une haute mission spirituelle : Hölderlin, le poète tendre et exalté ; Schelling, le génie philosophique juvénile.

On travaillait beaucoup, au *Stift*. Hegel affina sa pratique des langues anciennes, le latin, le grec, l'hébreu. Il compléta ses connaissances historiques et philosophiques, s'initia à la théologie. Mais il se livrait aussi, avec ses camarades, à des recherches personnelles, en marge des programmes officiels. L'un de ses amis dira plus tard « qu'on le trouvait tout le temps en train de lire Rousseau ». Schelling le qualifiera de « familier de Lessing ». Hegel se tenait au courant des publications philosophiques et politiques les plus hardies.

Le dur labeur ne privait cependant pas les étudiants de tout loisir. Ils savaient rire et boire, chanter et flirter, non sans contrevenir parfois aux règlements sévères du *Stift*. Ils aimaient les longues promenades à pied et à cheval. Hegel se vit reprocher une certaine tendance au vagabondage.

Il prit le goût des divertissements, un goût qu'il ne perdit jamais entièrement : à quarante ans, à cinquante ans encore, il s'amusera à se déguiser et prendra joyeuse part à des bals masqués ! Il ne méprisera ni les bons repas ni les bons vins. Il recherchera la compagnie des jolies femmes, fréquentera volontiers les théâtres, les concerts, les fêtes, jouera aux cartes avec des partenaires exempts de toute angoisse métaphysique...

Au *Stift*, les nouvelles de la Révolution française vinrent bouleverser la monotonie du travail assidu coupé de distractions anodines. Les « boursiers » les accueillirent avec enthousiasme, surtout ceux d'entre eux qui venaient de Montbéliard et de Colmar, territoires rattachés au duché de Wurtemberg.

Le cœur de Hegel s'enflamma. En compagnie de Hölderlin et de Schelling, il prit part à la plantation d'un arbre de la liberté. Il s'affirma, dit-on, l'orateur le plus fougueux du « club » clandestin que les *Stiftler* révolutionnaires avaient fondé et où l'on commentait les « papiers » reçus de France.

Quand les puissances européennes eurent engagé la guerre contre la France révolutionnaire, les boursiers du *Stift* prirent à partie les émigrés français qui faisaient mine de parader dans les rues de Tübingen. Ils cachèrent des prisonniers français et machinèrent leur évasion. On soupçonne même Schelling d'avoir tenté d'établir une liaison secrète avec l'armée « ennemie », celle de Custine. Toute cette activité subversive provoqua de vives réactions de l'administration ducale.

Les « compagnons de Tübingen » préféraient le courant modéré de la Révolution, plus précisément le mouvement « girondin », et leur sympathie pour lui n'allait pas sans illusions. Comme les Allemands les plus avancés, ils se donnaient une image idyllique de la Révolution, et ils éprouvèrent un amer désenchantement lorsqu'elle glissa vers la Terreur.

Voilà donc le contexte temporel dans lequel le jeune Hegel s'est assimilé l'héritage de la philosophie allemande. Celle-ci montrait beaucoup d'audace, surtout dans les œuvres de ses derniers représentants, Kant et Fichte. Cependant, de nouvelles façons de penser, appelées par les nouveaux rapports sociaux qui enchaînaient rapidement leurs formes surprenantes en France, venaient sans cesse ébranler, dans les pays proches, les anciennes manières de vivre et les habitudes d'esprit même les plus récemment adoptées.

La doctrine kantienne se trouva rapidement dépassée. Le monde nouveau exigeait que l'on chaussât de nouvelles lunettes pour mieux déchiffrer le testament du monde ancien.

Au *Stift*, Hegel se hasarda à écrire quelques ébauches, dans lesquelles il prenait contact avec toute cette modernité. Il s'essaya à l'éloquence en prononçant les prêches réglementaires. A la fin de 1793, ayant subi les examens avec succès, il aurait pu devenir pasteur.

Mais de toute évidence la vocation lui manquait, comme elle fit également défaut à Hölderlin et à Schelling. Refusant le pastorat, dénué de ressources, il accepta la triste situation de précepteur.

Étudiant pauvre au service d'une famille riche, le précepteur est une figure caractéristique de cette époque. Hegel supporta sans déchoir les servitudes de cette condition. Il montra d'ailleurs quelque habileté, ou n'eut pas trop de malchance, dans le choix de ses deux places successives, à Berne de 1793 à 1796, à Francfort de 1797 à 1800.

En Suisse, il entrait en fonction dans une famille noble et puissante, mais, quoi qu'on en ait dit, assez libérale. Il lui dut de pouvoir examiner minutieusement les mœurs politiques de l'oligarchie bernoise. Cette expérience, sur laquelle il réfléchit profondément, l'instruisit pour toujours. Il meubla ses rares loisirs par quelques longues excursions et surtout par une méditation féconde. Il s'interroge sur le sort des institutions politiques et religieuses, condamnées, après un essor créateur, à un dépérissement qui les métamorphose en survivances sans âme, en réalités « positives ». Il analyse cette évolution typique dans des phénomènes historiques de grande portée : le judaïsme, les religions grecque et romaine, le christianisme. Il mêle les préoccupations actuelles et les rappels du passé.

Il ne publiera pas ses essais, trop hétérodoxes. Continués à Francfort, ils ne seront édités que longtemps après la mort du philosophe, sous des titres significatifs : *Religion nationale et christianisme, Vie de Jésus, La positivité de la religion chrétienne, L'esprit du christianisme et son destin.* Ces textes de jeunesse livrent la clé de certaines œuvres de la maturité qui, sans eux, resteraient partiellement énigmatiques.

Malgré cette activité fructueuse, Hegel ne tarda pas à souffrir de son séjour en Suisse comme d'un exil. Il s'estime trop éloigné des centres de la culture vivante dont sa correspondance avec Hölderlin et

Schelling ne lui apporte que des échos assourdis. Il accueillera comme une libération l'offre d'un emploi à Francfort, dans une famille de négociants riches et influents, les Gogel. Là, à partir de janvier 1795, il jouira directement du spectacle de l'activité économique et financière moderne, utile, profitable, et du libéralisme qui en est alors l'accompagnement idéologique. Les Gogel détenaient traditionnellement de hautes charges dans la franc-maçonnerie et, grâce à eux, Hegel a étendu ses relations avec les membres de l'ordre secret. N'était-ce pas son fidèle ami Sinclair, franc-maçon notoire, qui l'avait introduit dans cette maison, avec l'assentiment et l'aide de Hölderlin ?

A Francfort, Hegel risqua sa première publication, étrange : une traduction allemande, largement annotée, des *Lettres* du révolutionnaire suisse Jean-Jacques Cart. L'ouvrage, violemment hostile à l'oligarchie bernoise, passait pour une production typique de la « propagande étrangère » de la Révolution française. Hegel crut bon de garder l'anonymat. Il dut renoncer à faire paraître un essai polémique sur *La situation du Wurtemberg.*

Il assista Hölderlin dans la tragédie sentimentale où devait sombrer la raison du pauvre poète, déjà ébranlée, semble-t-il, par des transes politiques. Les malheurs de Hölderlin, obligé de quitter bientôt Francfort, contribuèrent sans doute à rendre le séjour dans cette ville insupportable à son ami Hegel.

Or, en janvier 1799, le père de celui-ci mourut. Au partage de l'héritage, Hegel reçut une somme minime, mais qui lui assurait, pour la première fois, une existence et des études à peu près indépendantes, pendant deux ou trois années. Il choisit de résider dans la ville universitaire allemande la plus libre et la plus réputée : Iéna. Malheureusement, quand il y arriva, quelques-uns des grands hommes qui l'avaient illustrée venaient de la quitter, et en particulier Fichte, à la suite de la retentissante « querelle de l'athéisme ». Cet exode promettait de se poursuivre.

A Iéna, Hegel se consacra à un travail philosophique et scientifique intense. Il rédigea et soutint, en 1801, sa thèse inaugurale latine, *De orbitis planetarum*, dans laquelle il contredisait un peu légèrement les idées de Newton. Ce succès lui permit de devenir *Privatdozent* à l'Université, puis, en 1805, « professeur extraordinaire », situations administrativement et financièrement très médiocres, mais qui lui donnaient le droit d'enseigner. Il avait retrouvé avec plaisir Schelling, déjà pourvu d'un poste dans cette ville, et les deux amis publièrent ensemble, en 1802-1803, un *Journal critique de la philosophie* dans lequel parurent, sous forme d'articles, les premiers écrits philosophiques de Hegel — à l'exception de son étude sur la *Différence des systèmes de Fichte et de Schelling*, éditée séparément en 1801. Il ne fit imprimer ni ses cours, ni son important *Système de la moralité objective* (*System der Sittlichkeit*, 1802).

Hegel ne connut pas, à Iéna, les satisfactions professionnelles auxquelles il pouvait légitimement prétendre. Et cette déconvenue fut alourdie par des déceptions encore plus amères. C'est à Iéna que naquit en 1807 son fils naturel, Louis Fischer, qui par la suite fut pour lui une cause toujours renouvelée de contrariétés et de soucis, et qui mourut précocement et tragiquement à Batavia où, par dépit et ressentiment, il avait pris du service dans l'armée hollandaise. La mère de Louis Fischer, tant qu'elle vécut, troubla, elle aussi, la vie familiale de Hegel.

La bataille célèbre qui ravagea Iéna, en 1806, dissipa définitivement les maigres espoirs que Hegel pouvait encore garder de faire carrière dans cette ville. Son logement fut pillé et il dut chercher refuge chez des amis. Il lui fallut accepter leur assistance, ainsi que celle de Gœthe. Il n'avait sauvé qu'un seul de ses biens, le plus précieux, qu'il tenait continuellement dans ses poches pendant les combats et l'incendie de la ville : le manuscrit de sa première grande œuvre, la *Phénoménologie de l'esprit*, achevée — il l'a dit plus tard — au son du canon.

Ce livre ne trouva que très difficilement un éditeur, en 1806, et seulement grâce à la caution personnelle de Niethammer, l'ancien compagnon de Fichte, qui était devenu entre-temps le protecteur et l'ami de Hegel.

Celui-ci se félicitait du résultat politique de la bataille d'Iéna. C'était le triomphe du grand homme des temps nouveaux, qu'il avait vu passer à cheval. Napoléon, cette « âme du monde », exportait en Allemagne et y imposait par la violence quelques-unes des conquêtes politiques et sociales de la Révolution française. Mais sa victoire « universelle », à Iéna, entraînait les pires conséquences matérielles pour l'individu Hegel. Dans le plus complet dénuement, empêtré dans des difficultés sentimentales inextricables, il accepta avec reconnaissance l'emploi que Niethammer réussit à obtenir pour lui : la direction d'un petit journal, *La Gazette de Bamberg*.

Nouveau déménagement, expédient périlleux ! La parution d'une feuille politique, dans l'Europe du début du XIXe siècle, et spécialement en Bavière, était soumise à toutes sortes de vicissitudes. Le directeur avait tout à redouter des autorités versatiles, de leurs décisions arbitraires, de leur censure, des répercussions inattendues des articles qu'il publiait.

Hegel compara bientôt sa tâche à celle d'un galérien. Il souhaitait s'en libérer. On le chassa. Dès 1808, l'insertion dans *La Gazette de Bamberg* d'une information concernant les affaires militaires bavaroises indisposa le gouvernement et provoqua un grave incident. Hegel refusa de livrer le nom de son informateur. Il dut quitter la direction du journal, trop heureux de se tirer de cette affaire à si bon compte.

Niethammer, promu sur ces entrefaites à un poste important de la direction de l'enseignement en Bavière, parvint alors à le faire nommer directeur du gymnase de Nuremberg. A partir de novembre 1808, Hegel se donna tout entier à cette fonction que les déplorables conditions financières et administratives rendaient très délicate. Il réglait les difficultés pratiques les plus sordides et résolvait simultanément les problèmes pédagogiques de haute portée. Il défendit avec acharnement la culture gréco-latine contre des attaques qui se multipliaient. Il se chargea d'un cours de philosophie destiné aux grands élèves ; les notes de ce cours, éditées après sa mort, composent le texte de la *Propédeutique philosophique*.

En 1811, il épousa la fille d'un patricien de Nuremberg, Maria von Tucher, plus jeune que lui de vingt et un ans, belle et noble, mais pauvre. De cette union, heureuse, naquirent bientôt deux enfants, Karl et Immanuel.

C'est à Nuremberg que, dans les premiers mois de
son mariage, pour tenir les promesses de la *Phénoménologie* et pour gagner la notoriété capable de lui
ouvrir une carrière universitaire, Hegel commença
à rédiger l'un de ses ouvrages les plus importants,
et peut-être le plus abstrus : *La science de la logique.*
Mal logé, irrégulièrement payé, il se hâta d'achever ce
livre afin d'alléger quelque peu, grâce à de maigres
droits d'auteur, une gêne matérielle qui avait failli
empêcher son mariage et qui restait fort alarmante.

Enfin, à la suite de tractations complexes, il
obtint en 1816 ce qu'il désirait depuis si longtemps,
un poste de professeur d'Université, à Heidelberg.
A 46 ans, devancé par des concurrents moins méri-
tants, il répondait tardivement à sa vocation.

Hegel passa à Heidelberg deux années paisibles
(1816-1818). Rétribué décemment, entouré de collègues sympathiques, admiré par des disciples ardents,
il se voua à l'élaboration de son système, enrichit et
diversifia le contenu de ses cours. Il livra au public
un exposé schématique de l'ensemble de sa pensée :
le *Précis de l'Encyclopédie des sciences philosophiques*
(1817).

Il ne se désintéressait cependant pas des affaires
publiques et il écrivit pour les *Annales littéraires
de Heidelberg* un article retentissant sur *Les débats
des États de Wurtemberg* (1817). Il y défendait le
projet de constitution nouvelle, proposé par le roi
de Wurtemberg, contre l'obstination des anciens
privilégiés, contre le particularisme provincial, contre
l'inertie politique.

A la fin de 1817, le ministre prussien de l'éducation,
Altenstein, lui offrit le poste de professeur de Philo-

sophie à l'Université de Berlin. C'était un partisan et un ami de Hardenberg, le réformateur de la Prusse, et, en choississant Hegel, il semble avoir été influencé à la fois par la renommée grandissante du professeur et par les recommandations « progressistes » dont il pouvait se prévaloir.

Hegel accepta avec joie. Il souhaitait depuis longtemps se situer au centre de la vie politique et intellectuelle de l'Allemagne. Au cours de ses pérégrinations, tout au long de sa vie, il avait toujours opté pour l'État qui, à chaque moment, représentait le mieux le progrès social et national tel que la bourgeoisie allemande le concevait : Francfort, la métropole commerçante bientôt favorisée par Napoléon ; Iéna, l'université de ce duché de Saxe-Weimar que ses voisins taxaient volontiers de « Jacobinisme », non sans exagération ; la Bavière, après le retour au pouvoir de l'ancien « Illuminé » Montgelas, ennemi déclaré de « l'obscurantisme », promoteur d'idées politiques modernes. C'était maintenant la Prusse qui, exaltée par les promesses royales de constitution, guidée par Hardenberg, relevait le drapeau de la liberté religieuse, du renouveau politique, du progrès scientifique et culturel, de l'unité nationale.

L'Université de Berlin offrit à la doctrine de Hegel un incomparable champ de rayonnement. Il y accomplit un gigantesque travail d'enseignement, donnant d'année en année, devant un auditoire choisi, ses célèbres Leçons sur *La philosophie du droit*, *La philosophie de la religion*, *L'esthétique*, *L'histoire de la philosophie* et *La philosophie de l'histoire*. Il publia, en 1821, ses *Principes de la philosophie du droit*.

Cependant, dès son arrivée à Berlin, il suscita l'hostilité des milieux réactionnaires, de la Cour, du Prince royal. On lui reprochait d'envelopper dans des formules philosophiques obscures des pensées politiques réformatrices, et, malgré ses professions de foi protestante, des idées irréligieuses. On ne lui pardonnait pas sa fidèle admiration pour la Révolution française et Napoléon, son opposition à la Sainte-Alliance, sa résistance à la vague de réaction. En même temps, l'étoile de Hardenberg commençait à pâlir. Hegel ne put se maintenir à Berlin que grâce à la protection d'Altenstein et au soutien actif du directeur de l'enseignement, Schulze, lui-même objet de bien des suspicions. Sa position devint, les années passant, de plus en plus vulnérable. C'est que la répression du mouvement libéral et constitutionnaliste se durcissait, désavouant les projets de Hardenberg, décevant les espoirs des libéraux prussiens, provoquant des incidents nombreux. Hegel vit « se lever chaque année un nouvel orage ». Ses disciples se recrutaient surtout dans la fraction la plus avancée de la bourgeoisie, ennemie de la féodalité et de l'absolutisme. Intelligents et courageux, ils réclamaient une rénovation politique, et ne se retenaient pas d'exprimer leurs opinions. Peu nombreux, ils étaient effectivement assez inoffensifs, mais l'administration et la police prussienne les traitaient sans ménagements.

Hegel ne les abandonnait pas. Il mécontentait les autorités par ses propos et par ses actions. Les archives de la Justice et de la Police de Berlin conservent le témoignage de ses relations suspectes, de sa solidarité agissante avec des collègues ou des

collaborateurs brimés, de ses innombrables démarches
compromettantes en faveur d'étudiants et d'amis
poursuivis et incarcérés comme « démagogues ».

Surveillé discrètement par la police, il était aussi
publiquement dénoncé par ses adversaires. Il se
lançait dans d'irritantes polémiques avec de pâles
pamphlétaires, et il était parfois obligé de faire preuve
de diplomatie, sous peine d'être révoqué, réduit à
la misère et au silence. Il lui arriva de réagir de
manière inélégante et maladroite à des critiques
désagréables.

Il n'obtint pas de parrainage officiel pour la revue
que, avec son accord, son plus cher disciple, Gans,
avait fondée : les *Annales de critique scientifique*.
Il ne fut pas élu à l'Académie de Berlin. La parution
de son dernier article, sur le *Bill de réforme anglais*,
dans le *Journal de l'État prussien*, fut interrompue
par la censure.

Il sut toutefois éventer les pièges les plus dangereux
que lui tendit le « parti de la Cour », et, contre les
intrigues, il s'imposa par son génie. Pour la partie la
plus éclairée du public allemand, il était le grand
homme de l'Université de Berlin, et, reconnu par ses
collègues, il y exerça de hautes fonctions, dont celle
de recteur, pendant un an (1829-1830).

Il profitait des vacances pour voyager, quand le
ministère lui accordait une subvention. Il se rendit
en Hollande, à Vienne, à Paris, à Karlsbad, à Prague,
s'informant partout avec avidité des derniers développements de la vie politique, scientifique, artis-
tique, recherchant la conversation des grands penseurs et des grands hommes d'action.

Il vivait dans cette activité multiple, encouragé

par les succès de sa philosophie, contrarié par la folie de sa sœur et le ressentiment de son fils naturel, inquiété par les événements politiques et leurs implications professionnelles, lorsque la mort vint le surprendre en novembre 1831. Il fut victime de l'une de ces épidémies dont il avait lu dans sa jeunesse d'horribles descriptions.

Naguère, il avait comparé le progrès historique et culturel, d'abord silencieux et invisible, puis soudain éruptif et brutal, à l'évolution d'une maladie contagieuse. Et justement, avant de succomber, il avait eu le temps de percevoir, sous l'apparente vigueur des institutions, les signes annonciateurs d'une nouvelle crise du cours du monde.

Il ne pouvait prévoir ce qu'elle serait. Du moins pressentait-il le prochain accès de fièvre et savait-il qu'après lui, sans aucun doute, l'histoire continuerait, telle qu'il l'avait décrite : éternellement créatrice.

LA PHILOSOPHIE

I. — La problématique hégélienne

Le monde, que les philosophes mettent si souvent en question, s'est injustement vengé sur celui d'entre eux qui le contestait le moins. Hegel a été tourmenté, dans sa vie et dans sa pensée, par les contradictions brutales que son époque exhibait.

Il assure la transition philosophique du xviiie siècle, dans lequel sa réflexion s'enracine, au xixe siècle qu'elle inaugure. Il voit exploser, en France, l'antagonisme de deux ordres sociaux et politiques, le régime féodal et le régime bourgeois, et il perçoit nettement la violence de cette collision, dans son contraste avec la langueur allemande. Il s'interroge sur la signification nationale d'une telle opposition : « Pourquoi les Français sont-ils passés du théorique au *pratique*, tandis que les Allemands en sont restés à l'abstraction théorique ? ».

La différence du comportement des deux nations reflète un conflit qui se joue plus profondément : le heurt du sentiment chaleureux de la vie, dont il acquiert l'expérience, et du capital de pensée abstraite dont, jeune philosophe, il a hérité de ses prédécesseurs.

Le désaccord entre la vie créatrice et la tradition, l'action et la contemplation, il le regarde comme la projection d'une division originaire, d'un écartèlement : l'effective séparation du sujet et de l'objet, sanctionnée sur le plan théorique par le dualisme kantien.

En enregistrant exclusivement ce divorce, Kant avait

opté pour l'un des aspects du réel, partialement. Car
si le monde développe et entrechoque ses contradictions,
il maintient simultanément l'unité qui leur permet de
naître et de se dissoudre. Deux ennemis ne s'acharnent
l'un contre l'autre que si un intérêt commun soutient leur
combat. Dans l'indifférence et l'extériorité, pas de contradiction active !

Certes, Hegel guette — et avec quelle vigilance ! — les
cassures et les interruptions dans le cours du monde. Mais
il s'assure aussi que, malgré elles, ou plutôt et surtout à
cause d'elles, le mouvement général se poursuit, l'histoire
continue, et l'on ne saurait même imaginer de ruptures
sans cette continuité.

Ainsi, la Révolution française, comme phénomène historique, manifeste une cohésion qui la distingue, et cependant
des crises et des retournements presque quotidiens se
juxtaposent en elles. Hegel veut appréhender correctement
ce qu'il appelle « le lien du lien et du non-lien », l'identité
de l'identité et de la différence, l'unité des contraires,
l'éternité du changement.

C'est son originalité.

Dans la prise de conscience de cette problématique
naissante, et dans la quête des solutions, il est stimulé à
la fois, mais inégalement, par la tradition théorique et par
les innovations pratiques.

Ces dernières ne le touchent d'ailleurs que dans une
première élaboration intellectuelle : « Notre culture,
remarque-t-il, saisit les événements tout de suite et les
transforme immédiatement en comptes rendus pour la
représentation. » Et, en effet, il découvre lui-même l'actualité dans des articles de journaux et de revues, publiés par
des témoins directs ou par des hommes d'action.

Hegel fait donc l'inventaire d'un héritage à la lumière
tamisée d'un événement. Amenuisant autant qu'il le peut
le décalage entre les faits et la réflexion sur les faits, il
retire à la pensée d'antan le droit de régenter le présent.
Il se propose de recueillir dans une immense synthèse

compréhensive toute la réalité et la spontanéité de ce présent, issu d'une évolution, et toutes les richesses secrètes d'un passé sur lequel le présent projette sa clarté sans pareille.

Une doctrine authentiquement originale ne renie pas ses antécédents ni ne s'arrache à ses conditions : elle se les approprie comme une matière première, elle se sent comme habitée par eux.

Hegel prend la succession de l'idéalisme allemand, prolongé jusqu'à Fichte et Schelling. Il a la chance de pouvoir s'appuyer sur lui, et le mérite de le parachever. Mais c'est un disciple, non un plagiaire. Il procède activement, et détruit cet idéalisme pour mieux s'en nourrir. La véritable assimilation implique une telle suppression de l'aliment. Hegel fait preuve, dans ce domaine, d'une grande fermeté, du moins en général. Il faut reconnaître cependant qu'en certaines occasions, il se laisse intimider par des affirmations dogmatiques de ses maîtres, il les respecte, les épargne, au risque d'affaiblir sa propre impulsion créatrice, et de la dévier.

Pour lui, Kant domine tout l'idéalisme allemand, Fichte menant l'entreprise à bonne fin, et Schelling servant de transition. Or — c'est remarquable — Hegel n'a probablement étudié sérieusement Kant qu'après avoir été prévenu contre lui.

Dans ces conditions, comment l'a-t-il compris ? Il a vu en lui, avant tout, le penseur des antinomies inconciliées et des ruptures sans pardon, l'homme de la rigueur et de la contracture, qui ouvre les débats, mais les arrête soudain arbitrairement en pétrifiant les adversaires dans des attitudes hostiles, cataleptiques. Hegel aime que les conversations s'achèvent, que la débâcle vienne rompre la glace, et il déteste, en la personne de Kant, l'ennemi de la fluidité, de la souplesse et de la grâce.

Il ne méconnaît pas pour autant les mérites de la pensée kantienne, ni ne néglige les stimulants qu'il en a personnellement reçus. Bien au contraire ! Il la considère comme l'un des moments indispensables de toute formation philosophique. Mais il ne faut pas s'y arrêter définitivement. Elle vaut surtout comme propédeutique. Cette philosophie kantienne fomente une révolution intellectuelle, et elle promet d'étonnantes conquêtes, mais lorsqu'on la pousse à bout, elle doit avouer son impuissance, et passer la main. Elle ne comprend pas la vie concrète, l'activité qui règne en cette vie.

Le détachement kantien de la pensée et de la vie ressemble à la schizophrénie. Dans une lettre à un négociant français, philosophe à sa manière, Hegel accuse lourdement cette tare du kantisme : « Vous êtes Français de naissance et vous vivez dans une saine activité : de ce fait, vous ne pouviez vous arrêter à une idée allemande, hypocondriaque, qui a rendu vain pour elle-même tout ce qui est objectif et qui, ensuite, ne fait plus que jouir en elle-même de cette vanité. »

Comment rester kantien, si l'on agit ? L'action décide de tout. Elle lève à chaque instant des antinomies apparentes, et atteste l'identité profonde du sujet et de l'objet : « Chaque action tend à dépasser une idée (subjective) et à la rendre objective... Toute activité est idée qui *n'est* pas encore, mais est dépassée comme subjective. » L'activité *effectue* le passage du subjectif à l'objectif. Séparer absolument le sujet et l'objet, c'est proscrire théoriquement toute action, c'est se priver de liberté effective.

La doctrine kantienne méprise l'expérience de la vie. Elle institue ouvertement, en quatre domaines privilégiés, des « antinomies », des contradictions insolubles, et elle en exploite bien d'autres, subrepticement.

En quoi consiste son illusion, selon Hegel ?

D'une part, elle ignore « qu'il n'y a pas seulement quatre antinomies tirées du monde, mais qu'il y en a dans tous les objets de quelque nature qu'ils soient, comme dans toute représentation, dans toute notion, dans toute idée ». D'autre part, elle perpétue indûment les rares contradictions qu'elle a choisi de dévoiler.

En fait, on rencontre partout et en tout des contradictions, et elles ne sont pas éternelles, elles bougent, elles se résolvent. L'éclosion et la suppression continuelles des contradictions constituent l'essence de la vie — l'esprit.

Si les antinomies se bloquaient, la vie s'arrêterait, et déjà le simple mouvement mécanique qui suppose l'incessant passage de ses « moments » contradictoires l'un dans l'autre, mais aussi le processus biologique, équilibre sans cesse perdu et retrouvé.

Hegel songe surtout à la vie la plus vivante, celle qui ne tolère pas la fixation, le durcissement, ni non plus la répétition monotone : la vie des relations humaines, la vie sociale, la vie de l'esprit et de ses œuvres, l'histoire. Il advient, certes, que des conflits s'y prolongent et mettent notre patience à l'épreuve. Mais, à la longue, il faut bien qu'ils aboutissent.

Et entre-temps les forces antagonistes ne sont pas restées face à face, figées dans un garde-à-vous indifférent. Dans tous les types de relations humaines, les éléments contradictoires se trouvent intimement concernés les uns par les autres, et, même lorsqu'ils tendent à se détruire mutuellement, ils ont besoin les uns des autres. L'issue de la lutte peut varier : anéantissement, domination, compromis, synthèse, innovation... Mais rien de fini n'est éternel.

Un homme tombe, une nation déchoit, un argument se disqualifie. Les vainqueurs s'enrichissent des dépouilles des vaincus et en sont comme transfigurés. L'histoire — et aussi l'histoire de l'esprit — se tisse dans ces luttes toujours reprises.

Elle passe par des phases qualitativement distinctes. Hegel a eu le sens très vif de la discontinuité. La Révolution française donnait le ton : le passé, d'un seul coup, s'effondrait. Le monde changeait de base. Des structures inédites surgissaient soudain. Et dans ce tohu-bohu, chaque acquisition se dévaluait du jour au lendemain.

Hegel est surtout sensible aux aspects politiques et culturels du grand renversement, mais il ne le réduit pas à un glissement de perspective. Il prend acte d'une mutation globale du monde humain, et il en exhume des précédents.

A chaque culbute de l'histoire, un autre homme vient au monde qui dévisage d'abord ses ancêtres comme des étrangers, des êtres d'une autre espèce. Hegel radicalise cette disparité. Il ose dire que nous ne comprenons pas mieux un Grec antique qui se prosterne devant une statue de Zeus que nous ne comprenons un chien. Pour renouer avec ce Grec nous avons besoin d'un long travail d'assimilation et d'intériorisation de sa culture. L'histoire, parcours en ligne brisée, précipite chaque peuple dans une situation encore inconnue et le contraint à s'inventer soi-même. Hegel conteste donc que l'on puisse tirer de l'histoire des leçons, au sens ordinaire de ce terme.

Cette altérité, de si grand empire, ne s'épuise pas en une simple différence. Hegel l'entend comme une contradiction, ou, plus précisément, il décèle en toute différence une contradiction intime qui la qualifie. Ce n'est pas un ordre politique seulement différent qui émerge en France en 1789, mais, en certains de ses traits principaux, il ne se pose qu'en s'opposant à l'ordre antérieur : comme si, par rapport à sa démarche habituelle, l'homme, soudain, « se plaçait la tête en bas » !

A chaque remaniement historique, un nouveau sentiment de la vie s'empare des peuples et les aiguillonne. Cette fracture temporelle se complique de fissures géographiques, car tous les peuples ne brisent pas en même temps avec leur passé, et certains d'entre eux hésitent, s'enlisent, se laissent distancer par l'avant-garde.

Ces métamorphoses, ces retournements, ces altérations, et le flux continuel qui les emporte, quand leur rythme s'accélère et ne respecte plus de pause, comment se dispenser d'essayer de les comprendre ?

La « vieille métaphysique » a pourtant fait semblant de s'en désintéresser. Impuissante à les saisir, elle les a relégués dans « l'inexplicable », « l'inconnaissable ». Elle a voulu que « le naître et le périr » ne soient qu'illusion. Elle a écouté le bon sens commun, ou du moins l'une de ses voix contradictoires : poussé par des mobiles pratiques, il s'entiche de ce qui est stable et fixe parce qu'il s'imagine y acquérir son confort et sa sécurité, son bonheur.

Hegel, lui, répond à l'appel des temps nouveaux : l'important, maintenant, du point de vue théorique, et parce qu'une pratique affinée se met à le manier lucidement, c'est le changement, et ce qu'il y a de plus délié dans le changement : la transition, le passage.

Cette vérité du changement, de si haute importance, ne consent à se dévoiler qu'après s'être fait longtemps prier. Le genre humain n'arrive que tardivement à la conscience de la primauté du devenir et de l'urgence de sa connaissance.

Il a d'abord longtemps erré, se déplaçant sans le savoir, acquérant quelques vérités relatives sans le vouloir. C'est sur lui-même que l'homme s'est abusé le plus opiniâtrement.

L'expérience de l'extrême fin du xviii e siècle confirme ce que d'autres époques avaient seulement, si l'on ose dire, entrevu : l'obscurité première de tous les phénomènes humains. Individus et groupes agissent, bien avant de se rendre compte de ce qu'ils font, et les suites imprévues de leurs actions pèsent sur eux comme un destin. S'ils savaient ce qu'ils voulaient et ne faisaient que ce qu'ils veulent, les événements historiques ne souffriraient d'aucune ambiguïté et ne surprendraient personne.

Or ces événements ont un caractère universel, alors que les actes humains qui en sont la cause ne peuvent échapper à la particularité. C'est donc automatiquement que la somme des actes individuels, dans un mouvement dialectique typique, se convertit en œuvre universelle, souvent imprévue.

La prétention kantienne d'obliger les individus à des actes immédiatement universels demeure inopérante. Et puisqu'il est impossible de lui obéir effectivement, le moralisme kantien frôle l'hypocrisie : rien n'empêche de revêtir de prétextes universels n'importe quelle action singulière, en fermant les yeux sur le caractère égoïste de ses mobiles. Et inversement, un « valet de chambre » dénigrera aisément les grandes actions universelles du héros qu'il sert, en divulguant ses faiblesses individuelles.

La véritable action, subjective-objective, est aussi singulière-universelle. Si l'on veut ressaisir le devenir historique, il faut se convaincre que les événements résultent d'actions individuelles, qui ont leur finalité individuelle, et qu'ils ne se produiraient pas sans elles. Mais ces actions individuelles appellent toujours en même temps d'autres conséquences que celles qu'elles visaient. De telle sorte que l'histoire, comme processus universel, bien qu'elle ait besoin des individus, détient cependant sa propre fin en elle-même, indépendante de leurs projets.

C'est en général rétrospectivement que les hommes s'aperçoivent qu'ils ont accompli plus qu'ils ne le désiraient, et autre chose — qu'ils ont inconsciemment travaillé à une œuvre qui les dépasse infiniment, sans avoir pour autant renoncé à leurs buts et à leur activité subjective. On peut donc comprendre l'histoire comme la résultante dialectique des efforts individuels. Mais puisqu'elle obéit, en tant qu'œuvre globale, à des lois différentes de celles qui régissent les activités parcellaires, on peut aussi la regarder comme l'enveloppant suprême de tous les êtres singuliers, comme l'esprit mondial qui les gouverne habilement en leur laissant croire qu'ils se déterminent librement. Ambiguïté dans laquelle Hegel semble se complaire : les hommes sont les supports de rapports universels qui les dominent, mais qu'ils ont eux-mêmes établis, activement, dans l'inconscience.

Coupure encore, donc, entre l'acte individuel et l'entreprise collective, mais coupure dialectique, asservie à son contraire, la continuité sur laquelle elle se découpe.

Pascal avait fortement noué le lien de succession : « Toute la suite des hommes pendant le cours de tant de siècles, doit être considérée comme un même homme qui subsiste

toujours et qui apprend continuellement ». Hegel ne
désapprouverait sans doute pas une telle formule, mais à
condition de la compléter en la corrigeant.

D'abord l'humanité ne se contente pas d'apprendre,
elle agit aussi, et elle ne se cultive qu'en transformant la
nature ainsi que les produits vieillis de son propre travail.
Et surtout, le développement humain millénaire ne se
ramène pas seulement à un accroissement univoque, à
une continuation paisible.

Le genre humain avance, mais en titubant, à tâtons,
comme un aveugle. Il se fourvoie parfois, se condamne à
des régressions. Les conflits et les luttes internes le propul-
sent, en le jetant çà et là, dans une bousculade. Cette
conduite ne rappelle guère celle d'un érudit qui, profitant
d'un repos de l'histoire, s'adonne tranquillement à ses
recherches.

L'histoire est un drame. L'action s'y développe d'une
manière rhapsodique et syncopée. Les protagonistes, individus ou nations, y connaissent une alternance rapide de
succès et de défaites, de joies et de souffrances, et toujours, pour chacun d'eux, une fin. Seul le genre persiste,
continuité qui, sans cette diversité changeante de son
contenu, ne serait qu'une identité vide et morte.

C'est cette vie que Hegel veut penser. Tenue à l'écart
par la « vieille métaphysique », elle avait du moins été
sentie, saisie intuitivement, par la contradictoire conscience
commune. Hegel a l'ambition de la comprendre, et, à cette
fin, il la livre d'abord à l'entendement négateur, qui
l'immobilise, la découpe, la tue. Mais il appelle ensuite
la raison dialectique au secours : elle dégèle ce que l'entendement avait figé, réunit ce qu'il avait dissocié, ressuscite
ce qu'il avait fait périr.

Ainsi le biologiste dissèque-t-il d'abord des cadavres,
puis, au-delà de cette mort, et terriblement éclairé par
elle, il restitue en pleine clarté la fonction vivante et
familière.

Pourquoi « la vieille métaphysique » s'en est-elle tenue au

cadavre ? Pourquoi les philosophes détournèrent-ils leur attention du mouvement, du devenir, de la vie ?

Héraclite, « dont il n'y a pas une proposition — nous dit Hegel — que je n'aie reprise dans ma *Logique* », fait exception, avec quelques autres, à ce délaissement. Pour motiver un comportement philosophique si général, Hegel invoque surtout les nécessités internes du développement de la connaissance. Il fallait commencer par l'erreur : sans quoi, pas de progrès. De plus, la vérité ne se fraie un chemin qu'en oscillant entre des illusions extrêmes : en conséquence, c'est la même loi d'évolution dialectique des systèmes philosophiques qui rend compte d'une longue carence et des découvertes de Hegel qui y mirent un terme.

Le progrès interne de la pensée théorique a sans doute ainsi contribué à provoquer une mutation épistémologique dont Hegel a été le bénéficiaire. Et la philosophie classique allemande avait apprêté un merveilleux outil de pensée. Mais pourquoi eût-il fallu le rectifier, et le retourner contre elle, en même temps que contre lui-même, s'il ne s'était révélé incapable de mordre sur un contenu nouveau ?

La crise philosophique germait dans une crise sociale et politique. Hegel a su reconnaître ce qui l'avait aidé à s'éloigner de la « vieille métaphysique » fixiste. Avant tout, l'impression prodigieuse ressentie par les contemporains de la Révolution française. On n'avait jamais vu cela, jamais — Hegel le précisera à la fin de sa vie — « depuis que le soleil se trouve au firmament et que les planètes tournent autour de lui ».

Alors que, très jeune, hésitant encore à tenter l'aventure philosophique, il s'interrogeait sur son propre commencement, il lui était arrivé de revendiquer d'autres préalables que l'idéalisme allemand. Il confiait à son ami Schelling : « Dans ma formation scientifique, qui a commencé par les besoins les plus élémentaires de l'homme, il a fallu que je sois poussé vers la science et que l'idéal de ma jeunesse se transforme en une forme réflexive, en un système. »

Et il envisageait déjà les répercussions que le système

réflexif, pas encore constitué, pourrait avoir sur les exigences humaines dont il était parti, les plus humbles : « Je me demande maintenant, alors que je suis encore occupé à cela, comment il serait possible de trouver un retour à l'intervention dans la vie des hommes. »

Hegel avalisait donc la double dette de son époque envers le passé. D'une part, celui-ci lui livrait un monde inédit dans lequel il se réjouissait d'apparaître, curieux et audacieux, pourvu d'un juvénile appétit. D'autre part, ce passé mettait à sa disposition tout ce que les hommes, au cours des siècles, avaient accumulé et coordonné en fait de science, de technique, d'art, de religion, de politique et de philosophie.

Il aimait les métaphores alimentaires. Il se jeta sur ce somptueux repas.

II. — La culture

Hegel a eu le souci d'éclairer la conjoncture spirituelle dans laquelle il intervenait.

Ses premiers essais semblent pourtant — mais ce n'est qu'une apparence — s'orienter vers de tout autres sujets. Il s'y intéresse surtout aux bouleversements religieux et politiques de l'Antiquité.

Fervent admirateur de la Grèce, il se demande, par exemple, pourquoi et comment disparut sa religion — un culte de beauté — alors que le judaïsme et le christianisme s'assuraient un rapide triomphe.

Il médite sur la destinée des peuples, afin de retrouver et de définir *l'esprit* de ces peuples et de leurs religions. Il ne résiste pas à la tentation de « réaliser » parfois cette abstraction, *l'esprit d'un peuple*, et de lui octroyer une existence autonome, personnelle.

Son impeccable connaissance des textes, acquise au *Stift*, lui permet de décrire les péripéties de l'histoire ancienne d'une manière très concrète. Mais elle l'incite à assimiler imprudemment les situations historiques réelles à la

conscience qu'en eurent ceux qui les vivaient, telle qu'elle
s'exprime naïvement dans ces textes.

Il soupçonne les peuples et les religions d'avoir connu,
malgré leur variété, quelques développements semblables
— similitudes que commandent des conditions historiques
et logiques de même type.

Il forge alors, non sans tâtonner, des concepts capables de
recouvrir les épisodes les plus remarquables de cette évolution : *la positivité*, c'est-à-dire l'état d'une œuvre ou d'une
institution abandonnée par les causes actives qui lui
avaient donné naissance ; le *destin*, une vie que l'individu
ou le groupe suscite par son action et qui pourtant se
retourne contre lui, contrarie ses desseins, le détruit ;
l'*aliénation*, le fait pour le produit d'une activité créatrice
de devenir étranger à cette activité, d'en déjouer les intentions et de se dresser devant elle, indépendant, contraignant
et même hostile.

Hegel s'adonne à ce genre de recherches dans une intention pratique. Tout en étudiant le passé, il songe à l'actuelle
urgence de substituer à un système de valeurs et d'institutions sclérosées, une religion et un ordre politique qui
traduiraient authentiquement la base spirituelle en train
de prendre la relève. Au lieu de gêner son libre épanouisse-
ment, des structures mieux adaptées le favoriseraient.

Il partage ces préoccupations avec des révolutionnaires
français désireux d'associer le renouveau politique et le
renouveau religieux, et il n'ignore probablement pas les
initiatives retentissantes de l'abbé Fauchet, de Bonneville,
des théophilanthropes. Mais, à la différence des Français,
il porte ce faisceau de questions à un très haut niveau de
complexité théorique.

Son travail de débroussaillement le conduit dans des
zones historiques hétérogènes. Il le complétera bientôt par
de minutieux exercices d'assouplissement des concepts
logiques qu'il veut plier aux exigences des phénomènes
humains, et il procédera de plus en plus fréquemment à
l'assemblage de ses découvertes et à leur systématisation.

Il se prépare ainsi à composer la *Phénoménologie de l'esprit.*

Son projet est tout à fait inédit : décrire le processus typique de formation de la conscience. Il s'agit de présenter la suite des expériences indispensables qui, à partir d'un état de torpeur primitive, font accéder l'homme à la pensée philosophique moderne.

Au cours de cette genèse, longue et douloureuse, la conscience se saisit sous les aspects les plus variés, et elle récuse successivement toutes les images provisoires qu'elle se donne d'elle-même. Toutefois, la conscience actuelle reste hantée par les étapes de cette évolution, ne se détache pas globalement de son passé, et, dans cette affaire, « ce qui est intéressant, c'est le mouvement tout entier ».

La *Phénoménologie* dresse le répertoire de tout ce qu'une conscience doit faire pour se faire. Nous sommes loin de la construction mécanique à laquelle procédait Condillac : pas de statue, froide et dure, mais une activité qui se déploie, un effort pour dépasser toute acquisition partielle, pour briser toute entrave et toute habitude, pour monter toujours plus haut. Le travail d'appropriation de la conscience importe plus que ce qu'elle gagne.

Dans cet élan, chaque conscience individuelle emprunte le chemin de culture tracé par toute l'humanité, mais en utilisant des raccourcis et en profitant des aménagements. Hegel pressent la loi fameuse, mais pour l'appliquer seulement à l'esprit : l'ontogenèse reproduit la phylogenèse.

Ce qui caractérise l'esprit et ses œuvres, c'est que chacune de leurs structures retient quelque chose de leur genèse : le chemin spirituel se parcourt lui-même, s'emporte avec soi dans son cheminement, et persiste, intériorisé, dans la dernière étape.

Sa propre manière de voir, Hegel l'a comprise comme le résultat d'une longue préparation : « Ce que nous sommes, nous le sommes historiquement. » Lorsque nous nous retournons vers le passé, nous ne pouvons plus le capter comme ceux qui le vivaient, puisqu'il nous a poussés plus

loin qu'eux, et qu'il a ainsi décentré notre perspective.
Mais il n'en subsiste pas moins dans notre présent. La
machine la plus moderne garde quelque chose de l'instrument primitif qu'elle abolit et qu'elle ridiculise ; et les
grands créateurs contemporains se sont formés auprès
d'ancêtres auxquels ils n'avaient aucune envie de s'iden-
tifier : Homère et Voltaire, Platon et Diderot, Euclide
et Galilée, Phidias et Léonard de Vinci.

Décrire la lente éclosion de la conscience, d'abord
enfouie dans la substance dont elle ne se distingue pas,
puis se détachant, se cultivant individuellement et collectivement afin de parvenir à se réapproprier cette substance et à se réunir à elle, mais cette fois dans la maîtrise
et la clarté — retracer toute cette conquête, sans oublier
aucune des batailles, ni aucune des diversions, jusqu'à la
prise de la dernière citadelle, le savoir absolu — la tenta-
tive hégélienne était follement ambitieuse et trahissait
une sorte de démesure philosophique.

L'œuvre achevée comble-t-elle les vœux du philosophe ?
Il est difficile de le dire. Des circonstances fâcheuses ont
contrarié sa réalisation, et déjà les pénibles conditions
matérielles dans lesquelles Hegel travaillait.

Il a construit sa *Phénoménologie* en usant au mieux des
matériaux dont il disposait, camouflant les lacunes, impro-
visant des suppléances, bricolant des transitions. Perfor-
mance d'inventeur astucieux, qui en impose au spectateur,
mais le laisse parfois pantois : du moins éprouve-t-il le
sentiment incomparable de voir lutter une pensée inquiète.

Hegel s'exprime souvent par allusion, renvoyant à des
textes ou à des faits que, généreusement, il suppose bien
connus de ses contemporains, mais qui, en tout cas, ne
sont pas si facilement repérés par les nôtres. Par prudence,
il dissimule certaines de ses sources, compromettantes.
Dans l'exposé d'une pensée très subtile, il rajoute, comme
par coquetterie, des raffinements et des fioritures. Rien
ne lui déplairait davantage que de paraître consentir à
la facilité.

La *Phénoménologie* porte en sous-titre : « Première partie du système de la science. » Mais dans les circonstances où elle paraissait, en l'absence d'une seconde partie que Hegel ne pouvait espérer rédiger avant longtemps, elle devait, pour se rendre intelligible, anticiper parfois sur le reste du système et ne pas se confiner dans son rôle d'introduction. Elle exploite donc des éléments de savoir dont Hegel prévoyait qu'ils s'intégreraient plus tard au système. Ces intrusions la rendent plus insolite encore.

En somme, elle fut elle-même, pour Hegel, une aventure, avec ce que cela comporte d'inégal et d'imprévu. Cela lui donne cette allure dégagée, cette impertinence d'un roman à digressions, si différentes du maintien compassé des ouvrages philosophiques traditionnels.

Sa lecture est très ardue, même pour les Allemands (1). Mais le lecteur qui franchit les principaux obstacles reçoit bientôt sa récompense. Comprenant à moitié — « mais cette moitié suffit » — il pénètre dans une œuvre saisissante et admirable — baroque, peut-être en tous les sens de ce mot. A chaque page, il éprouve la joie d'acquérir une connaissance nouvelle, et surtout de gagner la révélation du sens d'un comportement ou d'une doctrine — et des idées vétustes le quittent, avouant leur platitude —.

L'étonnement du lecteur accompagne les émois de la conscience qui tient la scène. Chaque coup de théâtre la bouleverse et la change. Ensuite, elle se reprend, et, de son nouveau point de vue, elle évalue ce qui vient de lui arriver.

Chacun de ses tâtonnements naïfs se double donc, en

_____

(1) M. Jean Hyppolite a heureusement mis à la disposition des lecteurs français, d'une part, une traduction littérale du texte de Hegel et, d'autre part, dans son étude *Genèse et structure de la phénoménologie de l'esprit*, une transposition en clair, un commentaire interprétatif qui les guide sans toutefois leur mâcher le travail (voir nos indications sur l'*Œuvre* de HEGEL et notre Bibliographie).

elle, d'une réflexion plus avisée, et la *Phénoménologie* entrelace l'essor premier de la conscience qui fait son apprentissage et le deuxième mouvement de cette conscience qui, revenant sur elle-même, s'élève comme à une seconde puissance.

De plus, le philosophe entre à son tour dans ce jeu. Çà et là, il résume une intrigue d'abord ténébreuse et compliquée, il précise la signification d'un passage important et le situe plus précisément dans son contexte.

Voilà donc trois voix, ou trois instances, qui s'interpellent et dialoguent, conférant à la *Phénoménologie* une vitalité singulière.

Mais bien d'autres audaces de Hegel accroissent cette animation.

Ainsi, parmi les relais du long itinéraire de la conscience, il introduit, non seulement les doctrines et les conceptions du monde, mais aussi des attitudes symptomatiques, des événements frappants, des institutions prestigieuses. Et pour les camper plus concrètement, il fait appel à des œuvres ou à des témoignages qui ne relèvent pas du genre philosophique : l'*Antigone* de Sophocle, *Le neveu de Rameau* de Diderot, *La Marianne* de Marivaux, les drames de Schiller et de Gœthe, les propos ou les gestes de Louis XIV, de Robespierre, de Napoléon. Au service de l'esprit, il mobilise toutes les formes d'expérience, sans omettre les plus piquantes.

Mêlant étrangement les intentions et les recours, la *Phénoménologie* accorde à ses lecteurs une grande liberté d'interprétation. Le programme d'ensemble étant connu, il leur est facile, et profitable, de prélever quelques scènes cardinales pour les savourer à loisir : ainsi, la dialectique de la certitude sensible, classique ; celle du maître et de l'esclave, souvent vulgarisée ; celle du mal et de son pardon, riche d'arrière-pensées. Ils peuvent aussi s'attarder devant des portraits : la « belle-âme », l'âme noble, l'âme divisée, le jouisseur, le vertueux...

Chaque scène isolée mérite d'être appréciée à divers titres : précision de la référence historique, fermeté de l'analyse, objectivité sociologique, envolée dialectique. Mais une aussi grande variété d'attraits émane de la *Phénoménologie* tout entière, dans la profusion de ses détails et l'exubérance de ses prolongements.

Ce n'est pas un manuel, et l'on ne saurait dresser le tableau de ses enseignements. Elle vaut surtout comme gigantesque protocole d'expériences intellectuelles et sociales que chacun peut refaire utilement en la lisant : une sorte de modèle donc, mais qui ne contraint pas les néophytes. Il les convie à inventer des interprétations en s'inventant eux-mêmes.

Sans doute, ce monde au bout duquel Hegel décide de se poster, nous déconcerte-t-il un peu. Ce n'est plus le nôtre. L'histoire nous a glissés dans d'autres perspectives. Pourtant, la mise en scène hégélienne reste fascinante ; il faut s'en rendre familiers les effets, ne serait-ce que pour mieux sentir la différence. Il faut se prêter à ce dépaysement.

La *Phénoménologie*, abondante et touffue, mais tendue, ne supporte guère le résumé. Elle réclame plutôt le commentaire et la documentation. Il n'est possible, en peu de mots, que de baliser très sommairement ses voies d'accès.

Le tracé que l'on dessine alors est aride et rocailleux comme un sentier dépouillé de ses frondaisons.

Il nous conduit à trois niveaux d'expansion de la conscience.

1. *De l'indistinction à la raison.* — Toute conscience surgit d'une confusion première avec la chose *sentie,* en se dressant contre elle et en la niant : elle *perçoit* alors des choses, représentations composées de sensation et de pensée. Elle se hisse ensuite à un degré plus élevé en déterminant *conceptuellement* ces choses. Plus tard, elle découvre les *lois* qui les régissent.

La science de la nature a été élaborée, difficilement, au cours des siècles, grâce à un rejet des données immédiates et un refus des premiers complexes d'impressions subjectives. Les enfants de notre temps récapitulent rapidement son offensive millénaire, et assimilent facilement ses

conquêtes. Le genre humain, soit dans une entreprise
originale, soit dans une révision, effectue donc cette ascension qui, selon Hegel, le mène de la *certitude sensible* à
l'entendement.

Chaque degré de cette escalade, Hegel le présente, en
style idéaliste, comme le résultat de la simple maturation
interne de l'acquis antérieur, mais cette maturation se
termine par un renversement. La qualité pivote sur elle-
même : la chose est, à certains égards, le contraire de la
sensation brute ; la loi répudie la choséité. Mais ce qui
s'est ainsi renversé, ou retourné, et supprimé, se conserve
d'une certaine manière dans ce qui le supplante : jusque
dans la loi scientifique qui la nie, persiste le souvenir de
la sensation primitive. Sans lui cette loi perdrait sa signification concrète.

La conscience ne séjourne pas longtemps, comme une
captive, dans le règne des lois qu'elle a fondé. Elle s'oppose
bientôt à lui, et, dans cet affrontement, gagne la certitude
d'elle-même, accède à la *conscience de soi.* Elle se tourne
alors activement vers les objets extérieurs, dans *le désir,*
et les détruit en se les appropriant, dans l'assouvissement
du désir.

2. *L'expérience de la vie sociale.* — Le désir se heurte à
d'autres désirs. La conscience rencontre d'autres cons-
ciences, elle entre en conflit avec elles, lutte pour se faire
reconnaître, et, au terme du combat, elle tombe dans la
servitude ou conquiert la *domination.* La dialectique du
maître et de l'esclave, grâce au *travail* de l'esclave, débou-
chera sur la liberté — liberté toute subjective, détournée
du monde objectif. Par l'intermédiaire du *stoïcisme* et du
scepticisme, cette liberté s'achemine vers le *subjectivisme
pieux,* la foi caractéristique du Moyen Age, et le sentiment
aigu d'avoir perdu le monde, la *conscience malheureuse.*

Celle-ci n'est qu'une épreuve nécessaire — historiquement et pédagogiquement. Elle s'inverse à son tour et
provoque ainsi le surgissement de l'attitude antagoniste,
le consentement au monde. L'homme, alors, *observe* la

nature et *agit* sur elle. Par son action, il crée un autre monde, un monde humain, un monde de la *moralité objective*, régi par des lois qui lui sont propres.

Les individus ne reconnaissent pas immédiatement l'indépendance du cours de ce monde, ce que nous appellerions, au xxe siècle, la spécificité du social. Ils se targuent de pouvoir modifier arbitrairement la vie sociale pour la rendre conforme à leurs rêves, sans tenir compte de sa nécessité. Hegel fait un sort à quelques-unes de ces incartades : celle du *jouisseur* (Faust), celle du *redresseur de torts* (le Karl Moor des *Brigands* de Schiller), celle de l'utopique *chevalier de la vertu* (Don Quichotte). Il les pousse toutes vers l'échec.

L'égoïsme intellectuel, le formalisme moral, la nostalgie de pureté de la *belle âme* subissent le même sort. Mais toutes ces défaites de l'individualisme recèlent une grande fécondité : grâce à elles, la conscience, avertie et éduquée, adopte une attitude rationnelle, elle s'insère lucidement et efficacement dans la communauté humaine.

L'attention de Hegel se tourne désormais vers la société. Il scrute ses instances contradictoires et hiérarchisées : *famille* et *cité* (Antigone), *civisme hellénique* et *individualisme juridique romain*, *richesse* et *noblesse*, *féodalité* et *monarchie* (Louis XIV). Il analyse le passage de chaque instance dans son contraire. Il sonde les angoisses de la conscience prérévolutionnaire : celle-ci atteint le plus grand *déchirement* dans la culture la plus affinée, se sent étrangère à elle-même, divisée en son essence, toujours échappée au-delà de ce qu'elle croit être.

Hegel explique ensuite la victoire de l'esprit moderne, actif et utilitaire, sur la foi moyenâgeuse, et, porté par ce triomphe des *Lumières*, il ne craint pas de s'avancer jusqu'aux expériences politiques et culturelles qui lui sont contemporaines : *Despotisme* et *Révolution française*, *Terreur* et *Bonapartisme* — donnant très nettement à entendre que, sans de tels préalables, ni le *moralisme kantien* qu'il critique, ni la philosophie moderne qu'il incarne, n'auraient vu le jour.

3. *Les « superstructures ».* — Nous nommons ainsi la floraison de formes spirituelles qui s'épanouit à la fin de la *Phénoménologie.* Hegel ne leur attribue qu'une influence récurrente minime sur le processus de la conscience et de la vie politique. Elles remplissent surtout une fonction d'expression, et elles réalisent, en des modalités diverses, une prise de conscience de ce qui est. Il s'agit de la religion, de l'art, compris en un sens religieux, et de la philosophie.

De la *religion naturelle* (primitive) par la religion *symbolique* (égyptienne) et la religion *esthétique* (l'art grec), l'esprit humain s'est élevé jusqu'à la religion *absolue,* révélée : le christianisme. Chaque religion a su traduire dans le « langage de la représentation », c'est-à-dire par l'image et grâce à l'objectivation des sentiments, la façon dont la communauté s'atteignait dans sa vérité. Ainsi la religion d'un peuple est-elle le reflet de ce peuple.

Mais c'est à la philosophie que revient la tâche et l'honneur de donner à toute grande formation historique la *conscience* authentique de ce qu'elle est, dans le langage de l'esprit, et, en célébrant son apothéose, de lui annoncer en même temps sa fin, et d'ouvrir sa succession.

Les dernières pages de la *Phénoménologie* font culminer toute cette ascension dans le *savoir absolu.* L'ambiguïté des expressions, le recours au « style de la représentation », certaines présuppositions doctrinales de Hegel, autorisent le lecteur à se croire en présence d'un savoir terminal, achevé pour l'éternité, absolu dans tous les sens du mot. Mais une interprétation plus tempérée ne manque pas non plus de justifications : le *savoir absolu,* purement humain, est le savoir de ce seul absolu que constitue le mouvement infini d'apparition et de suppression des contradictions. En même temps, ce savoir absolu consiste en une réintériorisation, une reprise active de toutes les figures assumées par l'esprit au cours de sa formation, de tous les « phénomènes » de la conscience qui, dans leur enchaînement dramatique, ont fait procession jusqu'à lui.

L'homme cultivé — la conscience philosophique — ressuscite en pensée et rassemble sous son autorité les esprits de tous les peuples, dispersés dans le temps et l'espace : ils forment son foisonnement intérieur, la plénitude de sa vie consciente.

C'est sur l'exaltation presque mystique de cette unité vivante de la diversité que s'achève la *Phénoménologie*.

III. — LA DIALECTIQUE

La logique traditionnelle, servante de l'entendement, s'applique tant bien que mal au monde naturel, car, dans la nature, « il n'y a rien de nouveau sous le soleil » — du moins le croit-on à l'époque de Hegel. Le savant enregistre de sempiternels recommencements.

Mais la *Phénoménologie* délivre une vie jusqu'alors séquestrée. Dans le monde de l'esprit, dans l'activité et dans les œuvres de l'homme, tout est toujours nouveau, et cette inconstance désespère l'entendement, ami de la stabilité.

Pendant les périodes de crise, l'histoire presse la cadence de ses pirouettes, et, comme le dit Hegel, « le géant chausse ses bottes de sept lieues ». Alors éclatent les troubles, les guerres, les révolutions, et il devient impossible de conserver l'illusion que tout, au fond, reste immuable : les hommes d'entendement, les esprits « logiques », ne s'y retrouvent plus, et, dans leur désarroi, ils vitupèrent toutes ces absurdités apparentes, ils flétrissent l'irrationalité des événements humains.

Pour comprendre ce qui ne leur semble être qu'agitation délirante, il leur faudrait reconsidérer leur vieille logique, cesser de dénigrer le devenir. L'entendement détermine — il définit en différenciant, il fixe — et cela est humainement indispensable. Mais il s'obstine exagérément dans ses déterminations. Or la vie s'évade de ces prisons dogmatiques, elle fait éclater les concepts, disloque les définitions, brise les cœurs endurcis : mort et résurrection, elle enchaîne une bacchanale tumultueuse au pied des idoles que l'entendement érige. Elle les bouscule.

Hegel juge qu'il est temps de les abattre. Ce sont objets
finis : il faut en finir avec eux. Ce que le philosophe a
l'ambition de rétablir, c'est la pulsation éternelle des
contradictions, le devenir qu'elles irriguent de sang frais,
cette vérité et cette vie que, dans le « langage de la représentation », il appelle aussi *amour éternel*, ou *Dieu*.

Pour atteindre *la chose même*, pour suivre le mouvement
intime du concept, pour voir la réalité, la logique traditionnelle ne suffit pas. Il convient de la remettre à sa
place, étroite, et de recourir à une autre méthode, la dialectique : quelques philosophes en ont eu la vague prescience,
mais Hegel en orchestre souverainement les mouvements.

Un grand danger guette toutefois celui qui, déçu par la
logique établie, aspire à la dialectique. Dans une saute
d'humeur, il pourrait révoquer définitivement l'entendement. Il s'engloutirait alors dans la nuit de l'intuition. Hegel
réprimande cette conscience défaitiste en citant Gœthe :

> *Elle méprise l'entendement et la science*
> *les dons suprêmes des hommes.*
> *... Elle s'est livrée au diable*
> *et doit aller au gouffre.*

Car la dialectique, en les dissolvant, n'oublie pas les
déterminations que l'entendement instaure, elle leur inter-
dit seulement de s'éterniser, et elle les replonge dans le
courant de la vie, non pour qu'elles s'y effacent, mais pour
qu'elles s'y déploient et s'y métamorphosent sans cesse,
et que, dans le remous qui les délie et les mêle successivement, elles dessinent des lignes de force que l'œil pourra
suivre.

Hegel ne proscrit pas les déterminations intelligentes, ni
ne réprouve les institutions solides sur lesquelles l'esprit
d'un peuple se repose momentanément. C'est la « belle-
âme », au contraire, qui a peur des objectivations, qui
redoute de se choisir, et, se vidant de toute réalité, « elle
s'évanouit comme une vapeur sans forme qui se dissout
dans l'air » !

Mais l'âme active, le peuple effectif, la philosophie authentique ne craignent pas de se donner une figure. L'esprit a besoin des choses. Et même, Hegel regrettera, semble-t-il, que la quête de la liberté absolue, dans la Révolution française, ait empêché toute structure de s'imposer, ait éliminé toute institution durable. Conception historique très discutable, mais elle montre clairement, du moins, ce que Hegel réprouve : non pas l'attitude, mais l'ankylose ; non pas l'arrêt, mais le retard ; non pas la consistance, mais la raideur.

La dialectique, c'est l'effort intellectuel pour coïncider avec le principe de la vie et l'accompagner dans l'infinie diversité de ses spécifications. Mais, à l'intérieur même de cette dialectique, la tension créatrice se sert du dogmatisme qui la contrarie, et elle se joue de lui : « *L'entendement détermine* et persévère dans les déterminations ; la raison est négative et *dialectique*, parce qu'elle dissout en néant les déterminations de l'entendement, elle est positive parce qu'elle produit l'*universel* et comprend en lui le particulier. »

Dans ces conditions, on en conviendra, il est difficile, et peut-être même répréhensible, d'emprisonner la dialectique dans des formules qu'elle a pour vocation de faire exploser. Et inversement, il serait impardonnable de la priver de formulation, de la laisser s'évaporer, indécise et impalpable.

Cette double exigence embarrasse les exposés que Hegel en a donnés. Ils varient, sans qu'aucun d'eux ne recouvre toutes les applications concrètes que le philosophe a tentées. Déjà la *Phénoménologie* prodiguait ses variations sur les thèmes fondamentaux de la dialectique. Mais celle-ci, convoquée en toute occasion, ajustée à des degrés variables de rigueur et de complexité, affectée à des objets hétéroclites, se modifie aussi selon le talent personnel du dialecticien, et elle renierait son principe si elle renonçait jamais à se diversifier, à s'assouplir, à s'affiner.

Lorsque l'on s'astreint à l'analyser en quelques pages, le

danger de la défigurer grandit : ne va-t-on pas dessiner son repoussoir, un schéma qui se prêterait à un usage mécanique et dérisoire ?

Hegel n'ignorait pas que la dialectique elle-même peut se durcir, et il voyait dans cette perversion un hommage du vice à la vertu : « Ce qui est excellent, non seulement ne peut échapper au destin d'être ainsi dévitalisé et déspiritualisé, d'être dépouillé et de voir sa peau portée par un savoir sans vie et plein de vanité ; il doit encore reconnaître dans ce destin même la puissance que ce qui est excellent exerce sur les âmes, sinon sur les esprits ; il faut y reconnaître le perfectionnement vers l'universalité, et la déterminabilité de la forme, en quoi consiste son excellence, et qui rend seule possible l'utilisation de cette universalité d'une façon superficielle. »

Avertissement sévère !

Il nous engage à considérer la dialectique comme une tâche infinie.

Quel est son point de départ et quels résultats atteint-elle chez Hegel, en attendant des précisions et des compléments ultérieurs ?

1. La dialectique, pour lui, c'est d'abord le principe du développement de toute réalité, ce qu'il y a en elle de radicalement vivant, indépendamment des formes concrètes assignables, mais habitant aussi ces formes concrètes lorsqu'elles se constituent.

Dès ses premiers travaux, Hegel s'était fixé ce but : saisir l'essence de la vie. Et déjà il infléchissait sa recherche vers l'idéalisme, en *réalisant* cette essence de la vie et en la rendant responsable des existences concrètes : « Penser la vie pure, écrivait-il, c'est la tâche qui consiste à écarter tous les actes, tout ce que l'homme était ou sera... Cette réalité pure est la source de toute vie particularisée, de tout instinct et de toute action. »

2. Pour penser la vie, il faut s'adresser à « la chose même », la rejoindre dans son processus, en effaçant toute surcharge extérieure : « La connaissance scientifique exige

qu'on s'abandonne à la vie de l'objet ou, ce qui signifie la même chose, qu'on ait présente et qu'on exprime la nécessité intérieure de cet objet. »

3. La fusion intelligente avec l'objet ne s'achève pas spontanément. Des causes secrètes, que Hegel a tenté de démasquer, sans bien y parvenir, permettent à l'entendement d'affirmer des prétentions exorbitantes, dès qu'il a lui-même triomphé de la paresse spirituelle primitive. Pour aller à son objet, chaque conscience doit donc fournir deux efforts à la fois opposés et complémentaires : il lui faut d'abord distinguer et séparer intelligemment, puis réunir et refondre rationnellement. Elle amorce spontanément ces deux opérations, mais elle ne les généralise et ne les parachève que grâce à un travail méthodique. Aussi la dialectique, loi positive du cours des choses, se transpose-t-elle en loi normative de l'esprit qui, dérouté, désire rallier ce cours des choses. Elle devient *méthode*.

4. Cette méthode implique d'abord une tournure d'esprit. Le dialecticien s'oriente d'une autre manière : il épie les changements, les altérations, les déplacements significatifs ; il s'interroge sur la destinée de l'objet : que va-t-il devenir ? Quelle naissance sa disparition annonce-t-elle ?

Dès lors, les concepts « fixes » lui paraissent indigents. Il préfère des concepts qui accompagnent le mouvement de l'objet, aptes comme lui à se convertir en leur contraire, prêts à esquiver les contraintes abusives du principe d'identité.

5. Car, contrôlant un tel dérapage de la pensée, la dialectique conteste le principe d'identité, ou, du moins, son autorité absolue. Ce principe n'exige-t-il pas qu'un objet fini ne soit que ce qu'il est ? On connaît son antienne : *ce qui est, est ; ce qui n'est pas, n'est pas* ! Vérité incontestable, mais d'une portée limitée.

Si l'on tolérait qu'elle étendît inconsidérément sa validité, elle stopperait tout devenir et étoufferait la pensée du changement.

Le principe d'identité, flanqué de ses corollaires nous

retient de chercher en chaque être le néant qui le hante, son autre, son contraire. Or, une roue qui serait nécessairement *ou bien* en un point, *ou bien* en un autre, ne passerait jamais de l'un à l'autre. Mais que dire alors des altérations complexes ! Si le fruit doit être toujours *ou bien* vert, *ou bien* mûr, nous attendrons vainement sa maturation. L'esclave *absolument* esclave n'aurait aucune possibilité de se libérer. Heureusement pour lui, l'esclavage est aussi une maîtrise, il n'a de sens que par cette maîtrise qui le constitue comme esclavage, et qui lui donne sa chance de mener à la domination ou à l'émancipation.

6. Pas de vie, si chaque chose n'est pas en même temps, et d'abord secrètement, l'autre d'elle-même. L'accroissement quantitatif — qui comporte cependant déjà une composante qualitative — ne rend pas compte, à lui seul, des évolutions effectives. Il faut qu'il s'adjoigne des mutations qualitatives, auxquelles la dialectique s'intéresse tout spécialement, parce qu'elles introduisent la diversité entre les choses et la nouveauté dans les événements.

Chaque qualité en s'intensifiant, finit par se renverser en son contraire. Le liquide qui, peu à peu, s'échauffe se transforme soudain en vapeur. L'économie, à force d'application, vire à l'avarice. Une sincérité trop poussée devient affectation. Napoléon, en accroissant son pouvoir et ses conquêtes, court à sa perte.

La mutation s'effectue en général brusquement. Dans les phénomènes naturels (solidification de l'eau au degré zéro) elle détermine des « points nodaux » de leur évolution quantitative, et ces points sont relativement constants. Elle affecte d'une manière originale, difficilement prévisible, le développement irréversible des sociétés. Ainsi la qualité réside-t-elle dans la quantité.

7. Le changement lève la contradiction de la quantité et de la qualité, de la continuité et de la discontinuité. On pourrait donc tenir la dialectique hégélienne pour une *logique de l'altération*, qui n'équivaut pas complètement à

une *logique de la contradiction*, mais se l'annexe : l'un de ses procédés heuristiques les plus importants consiste à « chercher la contradiction », partout, toujours.

L'analyse hégélienne des contradictions a, certes, besoin d'être continuée et améliorée. Il reste que jamais, avant Hegel, la contradiction n'avait acquis un tel statut privilégié.

En la réhabilitant, Hegel a inauguré tout un courant de pensée pour lequel, sous quelque forme que ce soit, « la contradiction est la racine de tout mouvement et de toute manifestation vitale ».

8. Mettre à nu les contradictions, travail d'entendement, selon Hegel. Mais l'entendement voudrait s'accrocher à l'un des contradictoires. Il faut l'en empêcher, l'entraîner dans la danse des contraires. La contradiction n'enchaîne la farandole que si les opposés se prennent par la main.

Il vaut donc mieux dire que la dialectique est une logique de *l'unité des contraires.*

9. Leur simple face à face serait stérile : argument planté devant un autre argument, armée campée devant une autre armée.

Hegel ne nie pas l'existence de telles contradictions, têtues et fades. Il y a des dialogues de sourds et des guerres sans issue, la pensée se fige et l'histoire s'enlise. On en prend acte, et l'on passe à des spectacles plus réjouissants, à des contradictions vivantes et généreuses.

10. Hegel signale aussi des contradictions qui se dissolvent d'une façon négative : l'un des contraires est détruit purement et simplement par l'autre, rien de nouveau n'apparaît : le dogmatique coupe la parole à son interlocuteur, le fanatique met à mort son ennemi, le vainqueur fait table rase des œuvres et des mérites du vaincu. La civilisation phénicienne, par exemple, a disparu sans que personne n'en recueille rien.

Hegel regrette les méfaits de ce nihilisme. Il empêche l'éclosion d'un débat fructueux, il répugne à toute assimilation de ce qui lui est autre. Il reste, après son succès, ce qu'il était avant. Pour qu'une innovation se produise, il faudra attendre que l'adversaire renaisse et que s'engage un véritable combat. Du temps aura été perdu.

Mais toute manifestation de la force n'est pas nihiliste. Elle ne l'est que lorsqu'elle empêche un progrès, non quand elle en assure la victoire. Ce que Hegel réprouve, c'est l'escamotage de l'un des antagonistes *à l'origine* d'une confrontation qui, sans cet empêchement, eût pu être féconde.

11. Les conflits profitables, ceux qui apportent de l'inédit, comportent, en proportion variable, une absorption mutuelle et une substitution des antagonistes, un retournement des contraires et leur dépassement : le triomphateur sort transformé du colloque ou de la bataille, il n'a pas seulement accru ses forces et son pouvoir, mais il les a qualitativement changés.

Rome n'est plus la même, après sa conquête de la Grèce. Dans les années de la Révolution, la bourgeoisie française ne conserve pas sa situation, son attitude, son esprit d'autrefois. Elle était humiliée devant ses maîtres ; victorieuse, elle se montre arrogante envers ses serviteurs.

Le *renversement* est donc une charnière principale de la dialectique. Hegel en évoque des exemples très variés, et il esquisse aussi le renversement typique. Dans une discussion, dans une lutte, dans un drame, chaque participant, après quelques reprises, prend la place de son adversaire, et, à certains égards, en assume le rôle qu'il critiquait auparavant. Il se produit un revirement : « C'est à vous d'en sortir, vous qui parlez en maître » !

Tout événement, de ce point de vue, est un coup de théâtre, et aussi toute invention.

Le renversement des positions respectives naît du retournement des qualités : le fort s'affaiblit, le noble s'avilit, l'ascète se rengorge, ce qui n'était rien devient tout. Il n'intervient pas sans que les interlocuteurs et les combattants, leurs armes et leurs raisons, n'en soient bouleversés. Le chavirement provoque un reclassement et une restructuration.

12. La plus grande fécondité récompense le *dépassement* *(Aufhebung)*, qui revêt des apparences multiples, mais se rapproche plus ou moins d'un dynamisme typique.

Le retournement des structures, assorti d'une permutation des rapports et des situations, conditionne une genèse créatrice qui à la fois supprime les éléments contradictoires dont elle se nourrit, en maintient et prolonge en soi les effets, et élève tout ce contenu mouvant à une complexité plus grande et, éventuellement, à une conscience plus haute.

Suppression, maintien, élévation : le dépassement conduit à un résultat imprévisible en rigueur. Sauf, bien entendu, s'il s'agit d'un dépassement « naturel » qui, dans certaines conditions, et sous une certaine approximation, se répète régulièrement. Celui qui détiendrait de l'oxygène et de l'hydrogène ne pourrait prévoir les qualités de leur composé, l'eau — sauf s'il avait fait, précédemment, l'expérience de cette synthèse.

Mais dans les affaires humaines, dans l'histoire, les dépassements, irréversibles, n'ont lieu qu'une seule fois. La dialectique donne l'espoir d'une prévision partielle, et, du moins, négative, puisqu'elle montre, dans l'état présent des choses, le contraire (abstrait) de l'état qui suivra, puisqu'elle y discerne les forces souterraines qui le minent et vont en surgir.

Il n'en est pas moins vrai que Hegel, pour l'essentiel, n'accorde au dépassement qu'une valeur explicative après coup. Il permet de mieux comprendre comment se sont produits les événements échus. On le sait, Marx articulera sa critique de Hegel sur ce point. Remettant en question tout le sens de la dialectique, il proclamera : « Les philosophes n'ont fait qu'*interpréter* le monde de différentes manières ; ce qui importe, c'est de le transformer. »

13. A la limite de l'abstraction, les moments de la dialectique se contractent dans la *triade* de mauvaise réputation, à laquelle on a parfois voulu faire croire que Hegel ramenait toute sa méthode. Soit une thèse, elle

suscite son antithèse : de la confrontation de la thèse et de l'antithèse résulte la synthèse.

Autre bréviaire : l'affirmation appelle sa négation, et la négation de cette négation restitue l'affirmation première, enrichie du contenu de sa négation.

Cette sécheresse effraie. Mais que l'on se rassure : Hegel ne tenait pas de telles abréviations, utiles, pour autre chose que ce qu'elles sont. Dans sa seule *Logique*, il les développe en plus de mille pages, et il ne prétend y tracer qu'un profil très dépouillé de la dialectique. Que l'on relise patiemment ses œuvres : on se convaincra aisément qu'il se fût épargné beaucoup de peine en se satisfaisant de tels abrégés. Il n'utilise pas la triade comme critère de la vérité, mais comme modèle de structure dynamique et comme procédé d'exposition.

Les textes que Hegel consacre à la dialectique sont austères. Leur lecture, à qui manque la foi, est plus fastidieuse, plus éprouvante que les interminables exercices d'un danseur à la barre. Et nul ne croira qu'il suffise, pour bien danser, de faire preuve de persévérance et de courage.

La dialectique, telle que Hegel l'avait provisoirement, mais éminemment constituée, vient en aide à tout le monde, mais ne donne du génie à personne, et le vrai danseur, rompu aux techniques et fort de tous les préceptes, doit encore se sentir soulevé par l'âme de la danse.

IV. — L'IDÉALISME ET LE SYSTÈME

La méthode dialectique est-elle séparable de l'option philosophique du dialecticien ? L'opinion de Hegel, sur ce point, ne va pas sans équivoque.

Il est idéaliste. Il confond presque toujours l'idéalisme et la dialectique. Celle-ci lui semble inconciliable avec des doctrines qu'il réprouve collectivement : le matérialisme, le réalisme, l'empirisme, le sensualisme. Il croit que ces philosophies posent les choses finies comme absolues, et il peut alors prétendre qu'aucun philosophe ne s'en est jamais tenu strictement au matérialisme : les matérialistes, peu ou prou dialecticiens, ont toujours, à son avis, renié partiellement leur principe.

Donc, dialectique et idéalisme d'un côté, et matérialisme de l'autre. Une telle dichotomie, malgré les corrections de détail que Hegel lui apporte, apparaît bien incertaine. La philosophie de Hegel n'autorise-t-elle pas la dialectique à s'immiscer partout ? Elle participe à tout mouvement, toute action, toute pensée. Erreur ou vérité, illusion ou réalité, qu'est-ce donc qui pourrait se soustraire à sa loi ?

Les matérialistes avoués l'ont parfois mieux reconnue que ne le firent des idéalistes convaincus, et Hegel emprunte largement à Diderot, à l'école matérialiste française du xviiie siècle.

D'ailleurs, comment pourrait-on admettre que la dialectique, telle qu'il l'enseigne, puisse à elle seule, à un moment donné de l'évolution culturelle, décider du vrai et du faux ? Même si elle devenait parfaitement rigoureuse — et il s'en faut — rigueur n'est pas vérité, du moins pour un penseur de l'objectivité.

Aussi, pour juger de la valeur relative des opinions et des systèmes, Hegel fait-il appel, fréquemment et explicitement, à des critères qui se rattachent, certes, à la dialectique, mais ne se résorbent pas entièrement en elle : les critères de la désuétude, de l'ennui, de la pratique, sans compter d'autres recours à la simple constatation empirique.

Les relations humaines parcellaires et l'histoire globale se sont élaborées dialectiquement. La dialectique exige du temps pour s'accomplir. Mais elle ne peut, à elle seule, calculer la durée nécessaire pour passer du ressentiment au pardon, du despotisme romain à la Révolution française.

Condition nécessaire de la recherche et de l'établissement de la vérité, elle ne paraît pas bénéficier, même chez Hegel, et d'une façon permanente, du statut de condition suffisante.

Toutefois, dans certains de ses ouvrages, en particulier la *Logique* et l'*Encyclopédie*, Hegel affecte de raisonner déductivement : donnez-moi l'être et le néant, et je vous construirai un monde ! Ne s'aperçoit-il vraiment pas qu'il lui faut chaparder les matériaux sur les chantiers du monde réel ?

Son « panlogisme » confirme le rationalisme traditionnel et le porte à sa dernière extrêmité, en le pourvoyant d'une dimension historique : il radicalise son idéalisme. On aurait donc tort de contester le titre qu'il a choisi pour son système : *idéalisme absolu*, et de ne pas prendre au sérieux son mot d'ordre : *la substance est sujet* ! A cet égard, il reste bien un métaphysicien traditionnel.

Cependant, pourquoi ne pas regarder de plus près ce que signifie concrètement cet idéalisme absolu, et *la manière* dont la substance, pour Hegel, est sujet ? Avec un homme qui implante si impavidement le contraire au cœur de son contraire et qui en prend à son aise avec l'acception consacrée des termes philosophiques, on peut s'attendre à des surprises !

Inspection légitime, car elle peut alléguer l'habitude hégélienne de parler simultanément deux langages que le philosophe distingue soigneusement lorsque, çà et là, il en traite pour eux-mêmes : le *langage de la représentation*, religieux et mystique, et le *langage conceptuel*, philosophique. Il fait confiance à ses lecteurs : chacun reconnaîtra le sien !

Or, à ce niveau, il ne s'agit pas seulement d'idiomes différents qui communiqueraient des pensées identiques. Le mot *langage*, lui aussi, en cette rencontre, perd sa signification commune !

Ainsi, à la fin de la *Phénoménologie*, pour mieux annoncer le *savoir absolu*, Hegel profère des paroles solennelles : poésie sacrée, frisson sublime, toute la théodicée phénoménologique attend d'être gratifiée d'une épiphanie !

Mais, ailleurs, Hegel traite du savoir absolu très posément. Cette connaissance, éminente, se dit alors en toute simplicité : dans l'unité se trouve la contradiction, et dans la contradiction se trouve l'unité.

Hegel aime le pathétique, et il abuse parfois d'une terminologie d'apparat : l'amour divin, la colère de Dieu, la ruse de la Providence... Et puis, il fait remarquer, en passant, que ces formules magiques ne coïncident pas tout à fait avec le concept, et il en propose des versions conceptuelles très sobres.

L'idéalisme hégélien porte, selon les occasions, des visages inégaux, dont le disparate et les grimaces embarrassent l'interprète.

On remarque d'abord chez Hegel un idéalisme de routine, pli de l'esprit et façon de parler, empreinte laissée par une formation religieuse et par une longue fréquentation de la philosophie allemande.

Plus profondément, son goût naît de mille dégoûts. Il abhorre le mécanisme sommaire des matérialistes contemporains. La platitude du sensualisme, dans sa soumission aux apparences, lui donne la nausée.

Cette répulsion, cependant, ne lui fait pas dédaigner l'efficacité de ces doctrines dans leur opposition à l'idéalisme subjectif. Car, si étrange que cela puisse paraître, c'est tout de même son hostilité à l'idéalisme subjectif qui a contribué le plus décidément à l'orienter, du moins en ce qui concerne ses motifs conscients, vers l'idéalisme absolu, compris comme un idéalisme objectif.

Hegel veut garantir théoriquement la toute-puissance de l'homme, et la valeur de sa connaissance. Dans ce but, il lui faut venir à bout à la fois du dualisme kantien, du subjectivisme idéaliste, et d'un matérialisme trop passif.

Une ardeur humaniste réchauffe, dans la *Phénoménologie*, chaque démarche créatrice de la conscience : elle gagne une plus grande certitude que rien ne lui peut résister, que rien ne lui restera impénétrable, qu'elle parviendra à s'approprier ce qui se présente d'abord à elle comme étranger.

Et donc — elle s'en persuade un peu facilement — c'est

que virtuellement, ou *en soi*, rien ne lui est *essentiellement* hétérogène. Pas de ravin infranchissable entre le sujet et l'objet ! Il n'y a qu'une seule substance et l'homme en est le maître.

La substance est sujet, formule ambiguë ! La substance est sujet *en soi.* Il lui est possible de devenir sujet *pour soi.* Reste à faire ce qui convient, et cette tâche incombe à l'homme : travailler, inventer, lutter.

La substance est sujet : cette thèse élimine toute transcendance, toute idée d'un *au-delà*, dont Hegel, à l'occasion, se gausse. Elle s'aggrave d'une négation de l'immortalité de l'âme personnelle.

Comment Hegel se représente-il le sujet ? C'est Dieu, dit-il. Mais un dieu agité d'une dialectique intérieure, qui se déploie historiquement et n'est que dans ce déploiement, un dieu qui se confond avec l'esprit de la communauté, un dieu qui est la conscience en marche, et s'accomplit en cette marche.

Hegel se réfère souvent à des représentations et à des expressions tout à fait traditionnelles de l'être et de l'action de Dieu. Mais il est assez habile pour proposer de chaque événement historique ou de chaque modalité de la vie humaine une double explication : l'une, « par en haut », pourrait-on dire, et qui rapporte tout à l'« Idée » originaire ; et l'autre, « par le bas » qui fait dériver cette « Idée » de la dialectique des activités spontanées et utilitaristes des individus. Il n'est pas facile de décider de ce qu'il appelle, en dernière instance, Dieu : le créateur des hommes, ou leur créature ultime, ou l'homme se créant lui-même ?

C'est surtout en cette incertitude, cette hésitation, cette crainte de se prononcer nettement, que persiste un aspect théologique de la pensée de Hegel.

Il détermine pourtant « l'Esprit du monde » en tenant compte, souvent, des conditions matérielles de l'histoire : données géographiques, techniques, « industrie », commerce. Il décrit « l'esprit des peuples » avec un réalisme remarquable. Tout cela, cependant, ne permet pas d'assimiler des fragments de sa doctrine au marxisme. L'influence de Hegel sur Marx est très profonde, mais elle ne se réduit pas à une simple transmission. Et Hegel n'a pas utilisé les concepts qui donnent au marxisme son originalité : forces productives, rapports de production, lutte des classes, condition du prolétariat et sa mission historique, etc.

On voit que, malgré tout, il serait imprudent de toujours prendre les textes hégéliens à la lettre, de les isoler du mouvement de l'œuvre entière, et de fermer les yeux sur des contraintes extérieures qui obligèrent parfois le philosophe à travestir sa pensée.

Au total, si Hegel mérite le titre d'idéaliste, qu'il revendiquait, c'est plutôt à cause de penchants dont il n'avait guère conscience. Il proteste contre les abus de l'abstraction et les méfaits de la réalisation des abstractions. Il stigmatise les diverses formes du subjectivisme. Mais il cède à ces tentations. Il octroie à la Raison, à l'Esprit, à la Vie, une antériorité et une priorité logiques et chronologiques sur les existants. Il attache toute philosophie étroitement à son temps, mais il ne soupçonne pas que ce lien puisse rester lui-même purement idéologique, et, en quelque sorte, verbal.

Cette dominante idéaliste de la philosophie hégélienne se trouve incontestablement renforcée par l'appareil systématique que le philosophe met à son service. Il bâtit un système, et le système modifie le principe sur lequel il se fonde, en généralisant sa portée, et en lui conférant un pouvoir tyrannique.

Hegel est convaincu que lorsque « l'esprit du monde » mène à bien l'une de ses mutations, tout ce qu'il avait produit dans ses avatars antérieurs se déprécie, y compris le système théorique qui lui procurait la connaissance de soi. Un autre esprit règne désormais. Il destitue toutes les équipes spécialisées qui administraient les différents domaines : politique, religion, art, science, philosophie, activité pratique.

Les problèmes se posent alors *dans un autre esprit*, et appellent donc d'autres solutions. Le philosophe coopère à cette reconversion générale. Hegel, porte-parole d'un nouveau mode de penser, a essayé d'indiquer les réaménagements qu'il commande, y compris la restructuration du passé. Quand l'univers bascule, il est urgent de réviser tout le système de la connaissance. Le principe a viré, tout doit tourner en même temps : pas d'éclectisme, concession à l'anachronisme qui entraîne une distorsion des idées !

On s'insurge souvent contre ce paradoxe apparent : Hegel construit un système, structure totalisante, alors que sa dialectique met en évidence la caducité de toute détermination et l'inachèvement de toute représentation de la totalité. Il y a bien là, parmi d'autres, une difficulté de l'hégélianisme.

Toutefois, le système ne visait pas principalement l'achèvement et la fixation qui en sont une conséquence, il n'aspirait pas à l'éternité.

Grâce au système, Hegel voulait surtout éviter la proclamation gratuite. Nul principe philosophique ne se démontre entièrement par lui-même, abstraitement. On juge le maçon quand la maison est construite. Les projets ne suffisent pas.

Une philosophie qui se contenterait de l'affirmation et de la « démonstration » d'un principe serait comme un gland qui prétendrait se faire aussi gros et branchu qu'un chêne. Si elle refusait d'entrer dans le détail et d'aller aussi loin que possible vers le concret, elle resterait vide comme une « belle-âme » évaporée. La philosophie véritable unit l'abstrait au concret, le principe à la conséquence, le fini à l'infini, l'unité à la diversité : il lui faut disperser son principe dans la réalité multiforme.

Ainsi conjurera-t-elle le danger de l'exemplarisme qui, pour assurer et illustrer un dogme, prélève dans l'expérience des cas particuliers favorables. Comme la réalité est contradictoire, on en extrait aisément de quoi confirmer n'importe quelle thèse. Le principe valable, lui, régit tout, sans déficit.

L'intention systématique, chez Hegel, refoule donc la facilité, la partialité, l'amateurisme. Hegel repousse l'empirisme sans principe et le principe sans expérience, l'éclectisme invertébré et le schématisme décharné, le dilettantisme qui esquive les épreuves.

Son système échaffaude dogmatiquement les connaissances qu'il utilise, en l'état où il les trouve. De nombreux disciples ont été fascinés par cet immense édifice. N'écoutant pas les avertissements du bâtisseur, ils ont parfois omis l'essentiel : le mouvement de construction — et le mouvement inverse de destruction — l'incessant processus d'acquisition et d'invention, le *devenir* dont tout système n'est qu'une étape.

Peut-être Hegel ne les avait-il pas encore assez mis en garde ? Mais une insistance plus pesante sur la caducité des choses, des structures, des idées, eût aiguisé jusqu'au point critique les dangers qui, sous un régime conservateur, le menaçaient.

D'ailleurs, les disciples avaient raison d'être éblouis. Le système de Hegel, vu en 1830, offre une abondance et une sûreté d'information stupéfiantes. Il témoigne des qualités du dialecticien, mais aussi de son esprit encyclopédique, qui parvient parfois à éclipser les vertus de la dialectique.

Pénétrer dans ce système aux vastes proportions, c'est explorer un monde. Et si ce monde n'est plus le nôtre, il reste, pour une part, à l'origine de la manière dont nous nous représentons le nôtre. Quel que soit le continent qu'en lui nous choisissons d'aborder, il nous inquiète et nous séduit à la fois.

Un plan d'ensemble est fourni par le *Précis de l'Encyclopédie des sciences philosophiques* (1817). Cette *Encyclopédie* reprend d'abord, sous une forme abrégée, la *Logique*. Elle expose ensuite longuement la *Philosophie de la nature* : une mise en perspective hégélienne des sciences, dans l'état où elles se trouvaient au début du XIXᵉ siècle. Cette *Philo-*

sophie de la nature est certainement, dans l'œuvre de Hegel, la partie qui a le plus vieilli. Elle se voit exposée, presque sans défense, aux sarcasmes et aux quolibets. Peut-être suggère-t-elle encore des idées fécondes. En tout cas, elle vaut comme document historique.

L'*Encyclopédie* esquisse sommairement les thèmes que développeront les travaux de Berlin.

Ceux qui concernent la moralité subjective et objective, la vie publique, la structure de l'État et les relations internationales, seront repris dans les *Principes de la philosophie du droit* (1821). Ceux-ci paraissent justifier idéologiquement, et comme par déduction, les attitudes et les institutions politiques préconisées par Hardenberg.

Les autres chapitres de l'*Encyclopédie* seront longuement repris dans les *Leçons* de Berlin, publiées en grande partie d'après des notes d'étudiants :

1. Les *Leçons d'esthétique* analysent tous les genres d'art et mettent leurs diverses formes en relation avec les conditions sociales et historiques dont elles sont l'expression : art symbolique (égyptien), classique (grec), romantique (chrétien). Il est impossible, en notre temps, de traiter de ces problèmes sans prêter l'oreille aux propos de Hegel. Son inquiétante.et paradoxale doctrine de « la mort de l'art », qui suppose un divorce complet entre l'existence moderne et les exigences esthétiques montrerait assez, s'il en était besoin, que le « système » est bien loin de prôner un dogmatisme massif, confortable et obtus.

2. Les *Leçons sur la philosophie de la religion* partent du postulat qu'à chaque époque, religion et philosophie ont le même contenu — la première le saisissant sous la forme de la représentation. Hegel décrit de manière historique le passage d'une religion à l'autre, jusqu'au terme de l'évolution : la religion absolue, le christianisme contemporain.

En faisant ainsi de chaque religion l'expression d'un monde que la philosophie concevra en l'achevant, Hegel ne peut éviter de la présenter comme un mythe, d'ailleurs sérieux et sincère, et il risque de la priver de toute valeur spécifiquement religieuse. L'ambiguïté des vues de Hegel, sur ce point, a souvent été dénoncée.

3. Les *Leçons sur la philosophie de l'histoire* brossent une vaste fresque d'histoire philosophique mondiale. Hegel retrace l'ensemble du passé humain et montre, en lui, un processus dialectique nécessaire, œuvre des hommes, mais qui dépasse leur individualité et celle de leurs nations. Il témoigne d'un sens historique profond, bien qu'il reste prisonnier des limites idéologiques de son siècle. Il élucide des catégories importantes : le rapport de l'individu et de la société, le jeu des diverses instances du développement historique, la relation du hasard et de la nécessité, etc. L'une des catégories les plus connues est la *ruse de la raison*, grâce à laquelle il explique que les individus, dont les mobiles sont des passions, créent automatiquement une œuvre rationnelle (universelle et libre).

4. Les *Leçons sur l'histoire de la philosophie* envisagent chaque système philosophique comme lié étroitement à un peuple et à une époque. Et, cependant, la suite des systèmes est considérée comme un processus autonome, la totalité du développement de l' « Idée », et elle correspond à la déduction logique des concepts.

L'histoire hégélienne de la philosophie contient des vues très pénétrantes sur les doctrines, leurs auteurs, les contextes sociaux et culturels. Dans ses interprétations et ses critiques des grands philosophes, Hegel laisse percer des opinions audacieuses qu'il n'eût pas osé proposer directement.

Tous ces cours de Berlin étonnent par leur ampleur. Hegel, qui admettait lui-même leur imperfection et leur inachèvement, les remaniait, les corrigeait, les complétait sans cesse.

Conclusion

On ne peut plus être hégélien. Depuis Hegel, la vie a changé, et aussi la pensée de la vie. Sa conception du monde a connu l'usure du temps et a subi la critique de

Marx, destructrice en même temps que compréhensive, inspirée d'une dialectique régénérée.

Mais Hegel revit dans les penseurs qui le dépassent, et il aide à les mieux comprendre. La philosophie moderne sait qu'elle se nuirait gravement si elle l'oubliait, et elle lui voue une attention plus universelle et plus passionnée que jamais.

Source vive d'interrogations et d'impulsions, l'œuvre de Hegel invite ceux qui la regardent sans préjugés, à inventer, à ne se satisfaire d'aucune connaissance acquise, à poursuivre toujours l'effort de critique, de recherche et d'explication, en mettant à profit l'héritage culturel dont elle est l'un des joyaux.

Un disciple l'a dit heureusement : la philosophie de Hegel n'avait-elle pas voulu être, au début du xixe siècle, « une interprétation de la vie universelle dans toute la plénitude de sa signification concrète » ?

L'ŒUVRE

Pour ne rien omettre des œuvres publiées de Hegel, le lecteur doit recourir à quatre collections allemandes, toutes lacunaires et inégales :

1. *Hegel's Werke*, édition dite « de Berlin » préparée dès la mort de Hegel par « un groupe d'amis du défunt », Berlin et Leipzig, 1832-1842, 18 volumes auxquels s'ajoutèrent, en 1887, les 2 volumes de la *Correspondance* de Hegel.
2. *Sämtliche Werke*, édition dite « du Jubilé », procurée par H. Glockner, Stuttgart, 1927-1930, 20 volumes.
3. *Sämtliche Werke*, éditées par G. Lasson, Leipzig, 1913-1938, 21 volumes.
4. *Sämtliche Werke*, nouvelle édition critique par J. Hoffmeister et ses collaborateurs, Hambourg, en cours de parution. Quelques volumes seulement sont disponibles, à ce jour, particulièrement riches et utiles.

Dans la liste suivante, nous nous contenterons d'indiquer les principaux ouvrages de Hegel, répartis en trois groupes, selon les modalités de leur publication. Nous donnons seulement les références de leur première édition allemande et nous ne signalons que les traductions françaises les plus récentes. Pour des détails complémentaires, nous nous permettons de renvoyer le lecteur aux Notes bibliographiques qui figurent à la fin de notre travail sur *Hegel, philosophe de l'histoire vivante*, Paris, Presses Universitaires de France, 1966.

|I. — Textes publiés par Hegel lui-même

— Traduction allemande et commentaire des *Lettres* de Jean-Jacques Cart, Francfort, 1798 (anonyme).

— *Différence des systèmes de Fichte et de Schelling*, Iéna, 1801. Traduction française *in* Hegel, *Premières publications*, par M. Méry, Paris, Vrin, 1952.

— *De orbitis planetarum*, thèse soutenue le 27 août 1801, à Iéna.

— Cinq articles du *Journal critique de philosophie*, Iéna, 1802-1803 :
1. Sur l'essence de la critique philosophique.
2. Comment le sens commun comprend la philosophie.
3. Le rapport du scepticisme à la philosophie.
4. Foi et savoir.
   M. Méry a donné la traduction de cet article dans Hegel : *Premières publications*, Paris, Vrin, 1952.
5. Sur les manières de traiter scientifiquement du droit naturel.

— *La Phénoménologie de l'esprit*, Première partie du *Système de la science*, Bamberg et Wurtzbourg, 1807. Traduction et notes de J. Hyppolite, Paris, Aubier, 1939-1941, 2 vol.
Préface de la *Phénoménologie de l'esprit*. Traduction et notes de J. Hyppolite, édition bilingue, Paris, Aubier, 1966.

— *La science de la logique*, Nuremberg, 1812 et 1816, 3 vol. Traduction française de S. Jankélévitch, Paris, Aubier, 1949, 2 vol.

— *Précis de l'Encyclopédie des sciences philosophiques*, Heidelberg, 1817. — Rééditions en 1827 et en 1830. Traduction française par J. Gibelin, Paris, Vrin, 1952.

— Deux articles dans les *Annales littéraires de Heidelberg* (1817).
1. Compte rendu du 3ᵉ tome des *Œuvres* de Jacobi.
2. *Sur les débats des Etats de Wurtemberg en 1815 et 1816.*

— *Les principes de la philosophie du droit*, Berlin, 1821.
Traduction d'André KAAN, préface de J. HYPPOLITE,
Paris, Gallimard, 1940.
— Huit articles dans les *Annales de critique scientifique* :
　1. Compte rendu de l'étude de Humboldt sur la *Bhaga-
　　vad Gîtâ.
　2. Sur les œuvres de Solger et sa correspondance.
　3. Sur les œuvres de Hamann. Traduction par P. KLOS-
　　SOWSKI dans son édition de Hamann : *Méditations
　　bibliques*, Paris, Éditions de Minuit, 1948.
　4. Sur les *Aphorismes* de Göschel.
　5. Contre un anti-hégélien anonyme.
　6. Contre le pamphlet antihégélien de Schubarth et
　　Carganigo.
　7. Sur l' « Idéalréalisme » de Ohlert.
　8. Sur l'ouvrage de Görres : *Le fondement, la structure
　　et la succession des époques de l'histoire mondiale*.
— Première partie d'un article « Sur le Bill de Réforme
anglais », dans l'*Allgemeine preussische Staatszei-
tung* (1831).

II. — COURS PUBLIÉS PEU APRÈS LA MORT DE HEGEL

— *Leçons sur la philosophie de l'histoire*, données de 1822
à 1831, publiées par E. GANS, Berlin, 1837, 1 vol.
Traduction de J. GIBELIN, d'après l'édition ultérieure
de K. Hegel, Paris, Vrin, 1937. Rééditions en 1946
et 1963. Traduction de l'Introduction à ces leçons,
sous le titre *La raison dans l'histoire*, d'après l'édition
Hoffmeister de 1955, par K. PAPAIOANNOU, Paris,
« Le monde en 10-18 », 1965.
— *Leçons sur l'esthétique*, données de 1820 à 1829, publiées
par G. HOTHO, Berlin, 1837-1842, 3 vol. Traduction
par S. JANKÉLÉVITCH, Paris, Aubier, 1944, 4 vol.
— *Leçons sur l'histoire de la philosophie*, données de 1819
à 1828, publiées par K. L. MICHELET, Berlin, 1833-
1836, 3 vol.

Leur Introduction a été rééditée, en 1940, par Hoffmeister (Leipzig, 1940) et traduite par J. Gibelin,
Paris, Gallimard, 1954.

— *Leçons sur la philosophie de la religion*, données de 1821
à 1831, publiées par P. Marheineke, Berlin, 1832,
2 vol. Traduction de J. Gibelin, Paris, Vrin, 1954-1959,
4 vol. Autre traduction des *Preuves de l'existence de
Dieu* par H. Niel, Paris, Aubier, 1947.

— *Propédeutique philosophique*, leçons données au lycée
de Nuremberg en 1809-1816, publiées par Rosenkranz,
Berlin, 1840. Traduction et présentation par Maurice de
Gandillac, Paris, Éditions de Minuit, 1963.

III. — Manuscrits retrouvés et publiés tardivement

— *Écrits théologiques du jeune Hegel*, essais publiés sous
ce titre par H. Nohl, Tübingen, 1907.

1. *Religion nationale et christianisme* (vers 1793-1794).
2. *Vie de Jésus* (1795). Traduction française de
   D.-D. Rosca, Paris, Gamber, 1928.
3. *La positivité de la religion chrétienne* (1795-1796).
4. *L'esprit du christianisme et son destin* (1798-1799).
   Traduction française de J. Martin, introduction
   de J. Hyppolite, Paris, Vrin, 1948.

— *Documents sur l'évolution de Hegel*, publiés par Hoffmeister, Stuttgart, 1936.

Ce recueil contient, entre autres, d'intéressantes
dissertations de lycée : *Entretien entre Octave, Antoine
et Lépidus* (1785) ; *Sur la religion des Grecs et des
Romains* (1787) ; *Sur quelques différences entre les poètes
anciens et les poètes modernes* (1788). On y trouve aussi
le *Journal* de l'écolier Hegel, le texte des *prêches* de
Hegel à Tübingen, le *premier programme de l'idéalisme
allemand* (1796), le *Journal* de l'excursion de Hegel dans
l'*Oberland bernois* (1796), divers essais et aphorismes
de la période d'Iéna, quelques poèmes (1790-1801).

— *La nouvelle situation intérieure du Wurtemberg* (1798), essai publié par LASSON, *in* HEGEL, *Écrits politiques*, Leipzig, 1913.
— *La constitution de l'Allemagne* (1799-1802), texte édité par G. MOLLAT, Cassel, 1893.
— *Le système de la moralité sociale* (*System der Sittlich-keit*, 1802), publié par G. LASSON, *in* HEGEL, *Écrits politiques*, Leipzig, 1913.
— Les *Cours d'Iéna* (1803-1806), publiés par G. LASSON, Leipzig, 1923-1932, 3 vol.

Terminons en signalant la nouvelle édition de l'abondante et importante *Correspondance* de Hegel, par HOFFMEISTER et FLECHSIG, Hambourg, 1952-1960, 4 vol. Traduction par J. CARRÈRE, en cours de publication, Paris, Gallimard : t. I, 1962 ; t. II, 1963.

EXTRAITS

I. — Philosophie et religion

1. *Une philosophie ne peut jamais dépasser son temps.*

La philosophie n'est qu'*un côté* de la formation d'ensemble de l'Esprit — c'en est la conscience, la fleur suprême, car elle veut savoir en quoi il consiste. Cela constitue d'ailleurs la dignité de l'homme de savoir ce qu'il est et de la façon la plus pure, c'est-à-dire d'en arriver à penser ce qu'il est. De là, résulte plus précisément la place de la philosophie parmi les autres créations de l'Esprit.

La philosophie est identique à l'Esprit de l'époque à laquelle elle paraît ; elle n'est pas au-dessus, elle n'est que la conscience du substantiel de son temps ou encore le savoir pensant de ce qu'il y a dans le temps. Un individu de même ne domine pas davantage son temps, il en est le fils ; la substance de ce temps est son essence propre ; il ne fait que la manifester sous une forme particulière. Un individu ne peut pas plus sortir de la substance de son temps qu'il ne le peut de sa peau. Ainsi donc au point de vue substantiel la philosophie ne peut dépasser son temps.

D'autre part, elle est cependant au-dessus au point de vue de la forme puisqu'elle est la pensée de la substance de l'époque. En tant qu'elle la connaît, c'est-à-dire qu'elle en fait son objet, et se place à l'opposé, son contenu est le même ; cependant en tant que savoir, elle est au-dessus, mais seulement au point de vue formel, car, en réalité, elle n'a pas un contenu différent. (*Leçons sur l'histoire de la philosophie*, Introduction, trad. J. Gibelin, Gallimard, 1954, p. 135.)

2. *Sa tâche est de comprendre ce qui est.*

J'en reviens à ce que j'ai remarqué précédemment, que, précisément parce que la philosophie est le fondement du rationnel, elle est l'intelligence du présent et du réel et non la construction d'un au-delà qui se trouverait Dieu sait où, ou plutôt, on sait bien où il se trouve ; il est dans l'erreur, dans les raisonnements partiels et vides. Au cours de cet ouvrage, j'ai indiqué que *La République* de Platon elle-même, qui est l'image proverbiale d'un idéal vide, ne saisit essentiellement rien d'autre que la nature de la moralité grecque. Il a eu conscience d'un principe plus profond qui faisait brèche dans cette moralité, mais qui, à ce degré, ne pouvait être qu'une aspiration insatisfaite et par suite ne pouvait apparaître que comme un principe de corruption. Platon, ému par cette aspiration, a cherché une ressource contre cela, mais comme le secours n'aurait pu que descendre d'en haut, il ne pouvait le chercher d'abord que dans une forme extérieure particulière de cette moralité, croyant ainsi se rendre maître de la corruption et ne réussissant qu'à blesser intimement ce qu'il y avait là de plus profond : la personnalité libre infinie. Pourtant, il a prouvé qu'il était un grand esprit parce que précisément le principe autour duquel tourne ce qu'il y a de décisif dans son idée est le pivot autour duquel a tourné la révolution mondiale qui se préparait alors :

Ce qui est rationnel est réel et ce qui est réel est rationnel.

C'est la conviction de toute conscience libre de prévention, et la philosophie part de là lorsqu'elle considère l'univers spirituel aussi bien que l'univers naturel. (*Principes de la philosophie du droit*, préface, trad. A. KAAN, Galli-mard, 1940, pp. 29-30.)

3. *Elle est la pensée d'un monde qui meurt.*

A) L'Esprit d'une époque en est la vie substantielle ; c'est cet Esprit immédiatement vivant et réel. Tel nous

voyons l'esprit grec au temps où la vie grecque est en sa
fleur, en sa fraîcheur, sa force et sa jeunesse, où la ruine
n'est pas encore venue, tel l'esprit romain à l'époque de
la république, etc. L'Esprit de l'époque, c'est la manière
dont un esprit déterminé se présente comme véritable vie.
La philosophie est la pensée de cet esprit et la pensée,
quel que soit son *a priori*, en est essentiellement le résultat,
car il est la vitalité, l'activité en vue de se manifester.
Cette activité renferme comme moment essentiel une négation. Si quelque chose doit se produire, autre chose doit
en être le point de départ et c'est cette autre chose précisément qui est niée. La pensée est donc la négation de
l'aspect naturel de la vie. Par exemple, l'enfant existe
comme homme, mais encore d'une manière immédiate,
naturelle ; l'éducation est la négation de cette conduite
naturelle, c'est la discipline que l'esprit s'impose pour
s'élever au-dessus de son immédiateté. De même l'esprit
pensant, commençant comme mouvement, revêt d'abord
sa forme naturelle ; puis devenant réfléchissant, il dépasse
cette forme, il la nie, enfin il comprend, se réalise. — La
pensée intervient. Il s'ensuit que le monde existant, l'esprit
dans sa réelle moralité, dans la force de la vie, est nié, que
la pensée, la substantielle manière d'exister de l'esprit,
attaque et ébranle la simple coutume, la simple religion,
etc. ; alors apparaît l'époque de corruption. Il s'ensuit
que l'esprit se concentre, se concrétise, imaginant ainsi
un monde idéal qui s'oppose au monde réel. Si donc la
philosophie doit se produire chez un peuple, il faut qu'il y
ait eu une rupture dans le monde réel ; la philosophie
alors concilie la corruption commencée par la pensée ;
cette conciliation a lieu dans le monde idéal, celui de l'esprit
où l'homme fuit quand le monde terrestre ne le satisfait
plus. (*Leçons sur l'histoire de la philosophie*, Introduction,
trad. J. Gibelin, Gallimard, 1954, pp. 136-137.)

B) Pour dire encore un mot sur la prétention d'enseigner
comment doit être le monde, nous remarquons qu'en tout

cas, la philosophie vient toujours trop tard. En tant que
pensée du monde, elle apparaît seulement lorsque la
réalité a accompli et terminé son processus de formation.
Ce que le concept enseigne, l'histoire le montre avec la
même nécessité : c'est dans la maturité des êtres que l'idéal
apparaît en face du réel et après avoir saisi le même monde
dans sa substance, le reconstruit dans la forme d'un empire
d'idées. Lorsque la philosophie peint sa grisaille dans la
grisaille, une manifestation de la vie achève de vieillir.
On ne peut pas la rajeunir avec du gris sur du gris, mais
seulement la connaître. Ce n'est qu'au début du crépuscule
que la chouette de Minerve prend son vol. (*Principes de
la philosophie du droit*, Préface, trad. A. KAAN, Gallimard, 1940, p. 32.)

4. *Elle accentue la ruine dont elle est la prise de conscience.*

A) Aux époques où la condition politique est renversée, la
philosophie trouve sa place et alors il n'arrive pas seulement que l'on pense en général, mais la pensée va en avant
et transforme la réalité ; car lorsqu'une forme de l'esprit
n'est plus satisfaisante, la philosophie aiguise la vue de
façon à apercevoir ce qui ne satisfait plus. La philosophie
à son apparition aide, grâce à une intelligence déterminée,
à augmenter, à avancer la ruine. Cependant, on ne peut
lui en faire un reproche, car la ruine est nécessaire ; une
forme définie de l'esprit est niée parce qu'elle souffre d'un
vice fondamental. D'autre part, la philosophie est un
moyen pour apaiser, pour consoler au sein de cette réalité,
dans ce malheur du monde, — c'est la fuite dans la libre
idéalité, dans le libre empire de la pensée, précisément parce
que l'esprit, qui ne trouve pas sa satisfaction dans l'existence, est ramené en lui-même.

Nous indiquerons d'une manière générale cette concor-
dance des révolutions politiques avec l'apparition de la
philosophie ; mais nous ne présenterons pas la chose de
telle sorte que ceci serait la cause et cela l'effet. (*Leçons*

sur l'histoire de la philosophie, Introduction, trad. J. GIBE-
LIN, Gallimard, 1954, p. 318.)

B) Le travail théorique — je m'en convaincs tous les
jours mieux — réussit à accomplir davantage dans le
monde que le travail pratique. Une fois que le royaume
de la représentation est révolutionné, la réalité ne résiste
plus. (Lettre à Niethammer du 28 octobre 1808, *Correspondance de Hegel*, *Werke* (HOFFMEISTER), XXVII, Hambourg, Meiner, 1952, p. 253.)

5. *Philosophie et religion ont le même contenu.*

La religion et la philosophie ont donc comme objet
commun ce qui est vrai en et pour soi — Dieu en tant
qu'en soi et pour soi et l'homme dans son rapport avec lui.
Dans les religions, les hommes ont exprimé la conscience
qu'ils ont de l'objet suprême ; elles sont donc l'œuvre
suprême de la raison et il est absurde de croire que les
prêtres ont inventé les religions pour tromper les peuples,
comme si on pouvait en faire accroire à l'homme quand il
s'agit de la chose ultime et suprême.

Or, la philosophie a un objet identique, la raison universelle qui est en soi et pour soi, la substance absolue ; par la
philosophie, l'esprit veut s'approprier également cet objet.
La religion opère cette réconciliation par le moyen du
recueillement et du culte, c'est-à-dire par le moyen du
sentiment ; mais la philosophie veut l'opérer par la pensée,
la connaissance qui pense. (*Leçons sur l'histoire de la
philosophie*, Introduction, trad. J. GIBELIN, Gallimard,
1954, p. 151.)

6. *Leurs langages diffèrent cependant complètement...*

Platon aussi adopte souvent le style de la représentation.
D'un côté, c'est populaire ; mais d'un autre côté, on ne peut
éviter le danger de prendre pour quelque chose d'essentiel
ce qui n'appartient qu'à la représentation, et pas à la

pensée. C'est notre affaire, de distinguer ce qui est spécula-
tion et ce qui est représentation. Si l'on ne connaît pas en soi
ce qui est concept, ce qui est spéculatif, alors on peut tirer
des dialogues tout un tas de théorèmes et les faire passer
pour des philosophèmes platoniciens, alors qu'ils ne relèvent
que de la représentation, que de son style. Ces mythes ont
été une occasion de donner pour des philosophèmes de
nombreuses propositions qui, en elles-mêmes, n'en sont
pas du tout. Mais dans la mesure où l'on sait qu'ils appartiennent à la représentation en tant que telle, alors on
sait qu'ils ne sont pas l'essentiel. Ainsi, par exemple,
Platon, dans son *Timée*, parlant de la création du monde,
emploie cette forme : Dieu a façonné le monde, et les
démons ont participé à cette affaire. C'est dit tout à fait à
la manière de la représentation. Mais si l'on veut prendre
pour un dogme philosophique de Platon que Dieu a créé le
monde, que les démons, des êtres supérieurs de nature
spirituelle, existent et qu'ils ont prêté une main secourable
à la création du monde par Dieu — cela se trouve, certes,
littéralement dans Platon et pourtant cela ne fait pas
partie de sa philosophie. (*Histoire de la philosophie*, *Werke*
(Glockner), XVIII, Stuttgart, Frommann, 1928, pp. 189-
190.)

7. *Le style religieux chez Hegel.*

L'Europe vient à la vérité, l'ayant repoussée et dans la
mesure où elle l'a repoussée. C'est ce mouvement qui
constitue à vrai dire le gouvernement de la Providence ;
elle fait servir le malheur, la souffrance, les fins particulières
et la volonté inconsciente des peuples à la réalisation de
sa fin absolue et de sa gloire.

. . . .

Que l'histoire universelle est le cours de ce développement
et le devenir réel de l'Esprit sous le spectacle changeant
de ses histoires — c'est là la véritable *Théodicée*, la justification de Dieu dans l'histoire. C'est *cette* lumière seule-

ment qui peut réconcilier l'Esprit avec l'histoire universelle et la réalité à savoir que ce qui est arrivé et quotidien-
nement arrive, non seulement n'est pas en dehors de Dieu,
mais encore essentiellement son œuvre propre. (*Leçons
sur la philosophie de l'histoire*, trad. J. GIBELIN, Vrin, 1946,
p. 325 et p. 409.)

8. *Le protestantisme hégélien.*

Ici se trouve la différence entre ce qui est catholique et
ce qui est protestant. Nous n'avons pas de laïques. Le
protestantisme n'est pas confié à l'organisation hiérarchique
d'une Église, mais réside uniquement dans l'intelligence
générale et la culture. Je voudrais ajouter ce point de vue
à celui du besoin d'une excellente formation spirituelle
pour les ministres protestants : il me paraît même être
celui qui est le plus important. Il faudra que je trouve
l'occasion de l'évoquer et de le développer quelque part.
Nos universités et nos écoles sont notre Église. Les prêtres
et le culte n'y suffisent pas, comme c'est le cas dans l'Église
catholique. (Lettre à Niethammer du 12 juillet 1816,
Correspondance de Hegel, Werke (HOFFMEISTER), XXVIII,
Hambourg, Meiner, 1953, p. 89.)

9. *L'avenir du protestantisme.*

Si, après avoir considéré sa naissance et sa conservation,
nous voyons maintenant au contraire la réalisation de la
Communauté dans sa réalité spirituelle tomber dans cette
discorde intérieure, alors cette réalisation semble être
en même temps sa disparition. Mais serait-il donc possible
de parler ici d'une chute, alors que le règne de Dieu est
fondé pour l'éternité, que l'Esprit saint en tant que tel vit
éternellement dans sa Communauté et que les portes de
l'Enfer ne prévaudront pas contre l'Eglise ? Parler de
disparition, cela signifierait donc terminer par une dissonance. Mais qu'y faire ? cette dissonance est présente
dans la réalité.

De même qu'à l'époque de l'Empire romain, la raison

ne trouvait refuge que dans la forme du droit privé, parce que l'unité générale de la religion avait disparu et que, de plus, la vie politique générale était dans la perplexité, sans activité et sans confiance ; ou bien, de même que le bien privé avait été élevé au rang de fin, parce qu'on avait renoncé à ce qui est en soi et pour soi ; de même, maintenant, la passion du droit privé et de la jouissance est à l'ordre du jour, du fait que le point de vue moral, l'opinion toute personnelle et la conviction dépourvue de vérité objective font autorité. (...)

(...) La connaissance philosophique a résolu pour nous cette dissonance, et le but de ces leçons était précisément de réconcilier la philosophie avec la religion, de reconnaître celle-ci comme nécessaire dans ses figures diverses et de retrouver la vérité et l'Idée dans la religion révélée. Mais cette réconciliation n'est elle-même que partielle, sans généralité extérieure (...). Comment le présent temporel, empirique, va trouver le moyen de sortir de sa division, comment il va prendre figure, il faut lui abandonner le soin de tout cela ; ce n'est ni l'affaire, ni la tâche pratique *immédiate* de la philosophie. (*Leçons sur la philosophie de la religion*, fin, in *Werke* (Glockner), XVI, Stuttgart, Frommann, 1928, pp. 354-356.)

II. — La nouveauté

1. *Survivances anachroniques.*

A) L'édifice de la constitution allemande est l'œuvre des siècles passés. Il n'est pas soutenu par la vie de l'époque présente. Tout le destin de plus d'un siècle est inscrit dans ses formes. La justice et la violence, la bravoure et la lâcheté, l'honneur et le sang, la misère et le bien-être d'époques passées depuis longtemps, de générations putréfiées depuis longtemps, résident en elles. La vie et les forces dont le développement et l'activité font l'orgueil de la génération qui vit actuellement ne participent aucunement à lui, n'éprouvent aucun intérêt pour lui, n'en reçoivent aucune nourriture. L'édifice, avec ses piliers et ses fioritures, se trouve dans le monde, isolé de l'esprit du temps. (*La constitution de l'Allemagne*, *Werke* (éd. LASSON), VII, Leipzig, Meiner, 1913, p. 7, note.)

B) Comme sont aveugles ceux qui peuvent croire que des institutions, des constitutions, des lois qui ne concordent plus avec les mœurs, les besoins, l'opinion des gens, que l'esprit a quittées en fuyant, peuvent continuer à persister ; que des formes pour lesquelles ni l'entendement ni la sensibilité ne prennent plus d'intérêt, sont encore assez fortes pour continuer à constituer le lien d'un peuple ! (*La situation intérieure du Wurtemberg*, *Werke* (éd. LASSON), VII, Leipzig, Meiner, 1913, p. 151.)

2. *Progrès continu et éruption brusque.*

Du reste, il n'est pas difficile de voir que notre temps est un temps de naissance et de transition à une nouvelle période. L'esprit a rompu avec ce qui était jusque-là le monde, celui de son être-là et de sa représentation ; il est sur le point d'engloutir tout cela dans le passé et il est dans le travail de sa conception. En vérité l'esprit n'est jamais en repos, mais il est conçu dans un mouvement toujours progressif. Mais il en est comme dans le cas de l'enfant, après une longue et silencieuse nutrition, la première respiration, dans un saut qualificatif, brise cette continuité d'un progrès seulement quantitatif, et c'est alors que l'enfant est né. Ainsi l'esprit qui se cultive mûrit lentement et silencieusement jusqu'à la nouvelle figure, désintègre fragment par fragment l'édifice de son monde précédent. L'ébranlement de ce monde est seulement indiqué par des symptômes sporadiques ; l'insouciance et l'ennui qui envahissent ce qui subsiste encore, le pressentiment vague d'un inconnu sont les signes précurseurs de quelque chose d'autre qui se prépare. Cet émiettement qui n'altérait pas la physionomie du tout, est interrompu

par le lever du soleil qui, en un éclair, esquisse en une
fois l'édifice du nouveau monde. (Préface de la *Phénoménologie de l'esprit*, trad. Jean HYPPOLITE, Paris, Aubier-
Montaigne, 1966, p. 33.)

3. *La contagion des idées nouvelles : l'Aufklärung contre
la foi du Moyen Age.*

La communication de la pure intellection fait donc
penser à une expansion calme ou à la diffusion d'une
vapeur dans une atmosphère sans résistance. Elle est
une infection pénétrante qui ne se fait pas déceler, auparavant, comme quelque chose d'opposé à l'élément indifférent dans lequel elle s'insinue, et, par conséquent, ne peut
être combattue. C'est seulement quand l'infection s'est
répandue qu'*elle est pour la conscience* qui s'abandonna à
elle sans soupçon. Ce que cette conscience recevait en
soi-même, c'était bien l'essence égale à soi-même et à la
conscience, mais c'était en même temps la simplicité de la
négativité réfléchie en soi-même, qui plus tard se déploie
selon sa nature comme ce qui est opposé, et par là, conduit
la conscience à la remémoration de son monde précédent.
Une telle simplicité est le concept, qui est le savoir simple,
le savoir qui se sait soi-même et en même temps son
contraire, mais sait ce contraire en lui-même comme
supprimé. Aussitôt donc que la pure intellection est pour
la conscience, elle s'est déjà diffusée ; le combat contre elle
trahit le fait même de l'infection ; il vient trop tard, et tous
les soins aggravent seulement la maladie, car elle a attaqué
la moelle de la vie spirituelle, c'est-à-dire la conscience
dans son concept ou sa pure essence elle-même. Il n'y a
donc aucune force dans cette conscience capable de sur-
monter la maladie. Parce qu'elle est à l'intérieur de l'essence
même, ses manifestations encore isolées se laissent refouler,
et les symptômes superficiels étouffer. Mais justement
cela lui est d'un immense avantage, car elle ne dissipe pas
inutilement sa force, et ne se montre pas indigne de son
essence, ce qui est ensuite le cas quand elle éclate en

symptômes et en éruptions isolés contre le contenu de
la foi et la connexion de son effectivité externe. Mais
maintenant, esprit invisible et imperceptible, elle s'insinue
dans toutes les parties nobles et les pénètre, elle s'est
bientôt rendue profondément maîtresse de tous les viscères
et de tous les membres de l'idole inconsciente et « un beau
matin elle donne un coup de coude au camarade et patatras,
l'idole est à terre » (1), *un beau matin*, dont le midi n'est
pas rouge de sang, si l'infection a pénétré tous les organes
de la vie spirituelle, ensuite la mémoire conserve encore,
comme une histoire passée on ne sait comment, la forme
morte de la précédente incarnation de l'esprit, et le nouveau
serpent de la sagesse, soulevé pour l'adoration du peuple,
s'est ainsi dépouillé sans douleur seulement d'une peau
flétrie. (*Phénoménologie de l'esprit*, II, trad. Jean HYPPO-
LITE, Aubier, 1941, pp. 98-99.)

4. *L'accueil philosophique de la nouveauté.*

A) Voici, Messieurs, la philosophie spéculative, au point
où je suis parvenu dans son élaboration. Considérez cela
comme un commencement de l'entreprise philosophique,
que vous prolongerez plus loin. Nous nous trouvons à une
époque importante, dans une fermentation : l'esprit y a
accompli une brusque poussée, il s'est dégagé de sa figure
précédente et il en acquiert une nouvelle. Toute la masse
des représentations antérieures, des concepts, et tous les
liens du monde sont dissous et s'effondrent comme des
visions de rêve. Un nouveau surgissement de l'Esprit se
prépare. La philosophie doit surtout saluer son apparition
et le reconnaître, pendant que d'autres, qui lui résistent
inefficacement, restent collés au passé, et que le plus grand
nombre constitue la masse de son apparition sans en prendre conscience. Mais la philosophie, en le reconnaissant
comme l'Eternel, doit lui rendre hommage... (Cours donné

(1) D'après *Le neveu de Rameau.*

à Iéna, le 18 septembre 1806, in *Dokumente zu Hegel's Entwicklung*, édités par Hoffmeister, Stuttgart, Frommann, 1936, p. 352.)

B) Ceci est le point de vue de l'époque actuelle, et la série des figures spirituelles est ainsi close pour le moment. C'est par cela que s'achève cette histoire de la philosophie (...). Cette série est le véritable royaume des esprits, le seul royaume des esprits qu'il y ait (...). J'espère que cette histoire de la philosophie pourra contenir pour vous une invitation à saisir l'esprit du temps, qui est en nous de façon naturelle, et à le mettre en lumière en le tirant de sa naturalité, c'est-à-dire de son existence cachée et sans vie, et — chacun à sa place — de le porter au jour, avec conscience. (*Leçons sur l'histoire de la philosophie*, in *Werke* (Glockner), XIX, Stuttgart, Frommann, 1929, pp. 690-691.)

5. *Aimer ce que jamais on ne verra deux fois...*

... On doit écarter ici le préjugé selon lequel la durée, comparée à la disparition, serait quelque chose de remarquablement supérieur : les montagnes impérissables ne sont pas supérieures à la rose vite effeuillée dans sa vie qui s'exhale.

. . . .

Les Perses sont le premier peuple historique, la Perse est le premier Empire qui a disparu. Alors que la Chine et l'Inde restent immuables et continuent à mener une existence végétative naturelle jusqu'à notre époque, ce pays, lui, est soumis aux évolutions et aux bouleversements qui dénoncent seuls une condition historique. (*Leçons sur la philosophie de l'histoire*, in *Werke* (Glockner), XI, Stuttgart, Frommann, 1928, pp. 292-293 et pp. 233-234.)

6. *Le sens de la rupture.*

A) Par exemple, quand nous pénétrons dans la vie grecque, et quelle que soit la période déterminée que cela concerne — cette vie grecque qui nous plaît par des aspects si nombreux et si importants — nous ne pouvons cependant pas sympathiser en ce qui concerne l'essentiel, nous ne pouvons pas partager leurs sentiments à eux, les Grecs. Lorsque nous éprouvons au plus haut point de l'intérêt pour la ville d'Athènes, par exemple, et que nous prenons entièrement part aux actions, aux dangers de ses citoyens — c'est une patrie, et la patrie extrêmement noble d'un peuple cultivé — nous ne pouvons tout de même pas partager leurs sentiments lorsqu'ils se prosternent devant Jupiter, Minerve, etc., et quand, au jour de la bataille de Platée, ce peuple se tourmente avec des sacrifices — et l'*esclavage* (...). De même que nous ne partageons pas les sentiments d'un chien, même si nous nous représentons bien un chien particulier, le connaissons, devinons ses manières, ce à quoi il s'attache, ses façons particulières. (*Leçons sur la philosophie de l'histoire*, Introduction, in *Werke* (HOFFMEISTER), XVIII *a*, Hambourg, Meiner, 1955, pp. 13-14.)

B) Nous avons beau trouver les images des dieux incomparables, et quelles que soient la dignité et la perfection avec lesquelles sont représentés Dieu le Père, le Christ, la Sainte Vierge, l'admiration que nous éprouvons à la vue de ces statues et de ces images est impuissante à nous faire plier les genoux. (*Leçons sur l'Esthétique*, trad. S. JANKÉLÉVITCH, I, Paris, Aubier, 1944, p. 137.)

7. *Il n'y a pas de leçons de l'histoire.*

On renvoie les souverains, les hommes d'État et surtout les peuples à l'enseignement par l'expérience de l'histoire. Mais ce que l'expérience et l'histoire enseignent, c'est que jamais les peuples ni les gouvernements n'ont rien appris de l'histoire, ni n'ont agi d'après des leçons qu'on aurait pu en tirer. Chaque époque, chaque peuple a des circonstances si particulières, réalise une situation si individuelle, que c'est uniquement en elle et à partir d'elle qu'il faut prendre ses décisions (et, précisément, seul le grand caractère sait faire ici ce qui est approprié). Dans la cohue des événements mondiaux, une maxime générale ne sert à rien, le souvenir des situations analogues dans le passé ne suffit pas ; car quelque chose comme un pâle souvenir n'a aucune force dans la tempête du présent, aucun pouvoir contre la vie et la liberté du présent (...). Aucun cas n'est tout à fait semblable à l'autre ; la similitude individuelle n'est jamais telle que ce qui est le mieux dans un cas le serait aussi dans un autre. Chaque peuple a sa position particulière, et en ce qui concerne les concepts de ce qui est le droit, on n'a même pas besoin de recourir à l'histoire. (*Leçons sur la philosophie de l'histoire*, Introduction, in *Werke* (HOFFMEISTER), t. XVIII *a*, Hambourg, Meiner, 1955, p. 19.)

8. *Les changements de régime politique.*

... Une constitution parfaite, par rapport à un peuple, il faut la considérer ainsi : la constitution n'est pas bonne pour n'importe quel peuple. A cet égard, quand on entend dire que la constitution véritable ne convient pas pour les hommes tels qu'ils sont maintenant, il est essentiel de songer à ceci : *a*) justement, la constitution d'un peuple, plus elle est excellente, plus elle rend précisément excellent ce peuple ; mais inversement, *b*) du fait que les mœurs sont la constitution vivante, la constitution, de même, dans son abstraction, n'est rien en elle-même, il faut qu'elle se rapporte à ces mœurs et que l'esprit vivant de ce peuple la remplisse. Il n'est donc pas du tout possible de dire qu'une constitution véritable convient pour n'importe quel peuple. Et c'est assurément le cas : pour les hommes tels qu'ils sont — et par exemple ils sont des Iroquois, des Russes, des Français — toute constitution n'est pas convenable, car le peuple rentre dans la catégorie de l'histoire (...). Les hommes ne restent pas tels qu'ils sont, mais ils changent ; et leur constitution de même. (...) Avec l'écoulement du temps, chaque peuple doit opérer dans sa constitution présente les changements qui la rapprochent toujours davantage de la constitution véritable (...). Pour lui, l'en-soi qui exprime encore pour lui sa constitution comme le vrai, n'est plus vrai — sa conscience ou son concept et sa réalité sont différentes : alors l'esprit national est un être déchiré et divisé. Deux cas se présentent. Le peuple brise par une éruption intérieure violente ce droit qui doit valoir encore ; ou bien il transforme plus paisiblement et plus lentement ce qui vaut encore comme droit, la loi qui n'est plus la véritable manière de vivre et que l'esprit a quittée. Ou bien il n'a ni l'intelligence ni la force suffisantes pour cela, et il en reste à la loi de type inférieur ; ou bien un autre peuple a atteint sa constitution supérieure, et se montre par là même un peuple supérieur, en face duquel le premier peuple cesse d'être un peuple, et auquel il doit se soumettre. (*Leçons sur l'histoire de la philosophie*, in *Werke* (Glockner), XVIII, Stuttgart, Frommann, 1928, pp. 275-277.)

9. *La Révolution française.*

On a dit que la *Révolution française* est sortie de la philosophie et ce n'est pas sans raison que l'on a appelé la philosophie *sagesse universelle*, car elle n'est pas seulement la vérité en soi et pour soi, en tant que pure essence, mais aussi la vérité en tant qu'elle devient vivante dans le monde réel. Il ne faut donc pas s'élever là contre quand on dit que la Révolution a reçu sa première impulsion de la philosophie. Mais cette philosophie n'est tout d'abord que pensée abstraite, non compréhension concrète de la vérité absolue, ce qui est une différence incommensurable.

Ainsi le principe de la liberté de la volonté s'est fait valoir à l'encontre du droit existant. Avant la Révolution française, il est vrai, les grands ont déjà été opprimés par Richelieu et leurs privilèges supprimés, mais, comme le clergé, ils conservèrent tous leurs droits par rapport à la classe inférieure. Tout l'état de la France à cette époque consiste en un amas confus de privilèges contraires à toute idée et à la raison en général, une situation insensée à laquelle s'unit aussi la corruption la plus grande des mœurs, de l'esprit — un règne d'injustice qui devient injustice cynique à mesure qu'on commence à en avoir conscience. L'oppression terriblement dure qui pesait sur le peuple, l'embarras du gouvernement pour procurer à la cour les moyens pour son luxe et sa prodigalité fournirent une première occasion au mécontentement. L'esprit nouveau devint actif ; l'oppression poussa à l'examen. On vit que les sommes arrachées à la sueur du peuple n'étaient pas consacrées à la fin de l'État, mais gaspillées de la manière la plus folle. Tout le système de l'État apparut comme une unique injustice. Le changement fut nécessairement violent parce que la transformation ne fut pas entreprise par le gouvernement. Or, elle ne fut pas entreprise par lui parce que la cour, le clergé, la noblesse, les parlements même ne voulaient renoncer à la possession de leurs privilèges, ni à cause de la misère, ni pour le droit qui est en soi et pour soi, de plus, parce que le gouvernement, comme centre concret de la puissance de l'État, ne pouvait pas prendre pour principe les volontés particulières abstraites et en partant, reconstruire l'État, enfin parce qu'il était catholique et que par conséquent le concept de liberté, de la raison dans les lois n'était pas considéré comme l'obligation dernière absolue, du moment que le sacré et la conscience religieuse en sont séparés. La pensée, le concept du droit se fit *tout d'un coup* valoir et le vieil édifice d'iniquité ne put lui résister. Dans la pensée du droit, on construisit donc maintenant une constitution, tout devant désormais reposer sur cette base. Depuis que le soleil se trouve au firmament et que les planètes tournent autour de lui, on n'avait pas vu l'homme se placer la tête en bas, c'est-à-dire, se fonder sur l'idée et construire d'après elle la réalité. Anaxagore avait dit le premier que le νοῦς gouverne le monde ; mais c'est maintenant seulement que l'homme est parvenu à reconnaître que la pensée doit régir la réalité spirituelle. C'était donc là un superbe

lever de soleil. Tous les êtres pensants ont célébré cette
époque. Une émotion sublime a régné en ce temps-là,
l'enthousiasme de l'esprit a fait frissonner le monde,
comme si à ce moment seulement on en était arrivé à la
véritable réconciliation du divin avec le monde. (*Leçons
sur la philosophie de l'histoire*, trad. J. Gibelin, Paris,
Vrin, 1946, pp. 400-401.)

10. *Progrès et réaction en 1816.*

Je m'en tiens à ceci : l'esprit mondial de notre temps a
donné l'ordre d'avancer. On obéit à un tel ordre. Cet être
avance comme une phalange cuirassée et solidement soudée,
irrésistiblement, avec un mouvement aussi imperceptible
que celui du soleil, envers et contre tout, en avant. Des
troupes légères innombrables, hostiles ou amies, le flanquent
de tous côtés. La plupart ignorent de quoi il retourne,
et se contentent de recevoir sur la tête des coups qui
semblent venir d'une main invisible... Ils peuvent atteindre
les cordons de soulier de ce colosse et les enduire d'un peu
de cirage ou de boue, mais ils ne peuvent les détacher, ni
encore moins lui retirer ses chaussures divines qui, selon
Voss (voir les *Lettres mythologiques*), ont des semelles
élastiques, ou bien ses bottes de sept lieues lorsqu'il en
chausse. Le plus sûr (intérieurement et extérieurement)
c'est sans aucun doute de ne pas perdre de vue le géant
du progrès *(der Avanceriese)*...
La réaction dont nous entendons maintenant tant
parler, je l'attendais. Elle veut avoir raison. *La vérité, en
la repoussant on l'embrasse*, c'est une formule profonde de
Jacobi. La réaction est encore bien au-dessous de ce qui
lui résiste... Sa volonté se réduit principalement, même
si elle croit le contraire, à frapper de son sceau, pour servir
sa vanité, ce qui s'est produit et contre quoi elle pense
avoir la haine la plus grande, afin d'y lire : voilà ce que
nous avons fait... L'énorme réaction que nous avons vue,
contre Bonaparte, a-t-elle donc changé tant de choses, pour
l'essentiel, en bien ou en mal, surtout si l'on néglige la

vaine agitation et les miettes de succès des abeilles, puces
et punaises à prétentions personnelles ? Et ces personnalités semblables aux abeilles, aux puces et aux punaises,
nous ne devons les laisser approcher de nous que pour
les fins qui leur ont été assignées par le bon Créateur,
c'est-à-dire pour nous en servir comme objet de plaisan-
teries et de sarcasmes, et comme source de joie maligne.
Ce que nous pouvons faire, dans cette bienveillante
intention, c'est de les aider elles-mêmes, en cas de besoin,
à atteindre leur perfection. (Lettre à Niethammer du
5 juillet 1816, in *Correspondance de Hegel*, *Werke* (HOFF-
MEISTER), XXVIII, Hambourg, Meiner, 1953, pp. 85-87.)

III. — LE SAVOIR

1. *Le chemin de culture.*

La tâche de conduire l'individu de son point de vue
inculte au savoir, devait être entendue dans son sens
universel et l'individu universel, l'esprit conscient de soi,
devait être considéré dans son processus de culture. — En
ce qui concerne la relation de ces deux formes d'individus,
dans l'individu universel chaque moment se montre dans
le mode selon lequel il acquiert sa forme concrète et sa
figure originale. L'individu particulier est l'esprit incomplet,
une figure concrète, dans l'être-là total de laquelle une
détermination est dominante, tandis que les autres sont
seulement présentes en traits estompés. Dans l'esprit, qui
est à un stade plus élevé qu'un autre, l'être-là concret
inférieur est rabaissé à un moment inapparent ; ce qui jadis
était la chose même n'est plus qu'une trace, sa figure est
ensevelie et devenue une nuance d'ombre. L'individu,
dont la substance est l'esprit à un stade plus élevé, parcourt
ce passé de la même façon que celui qui entreprend une
plus haute science parcourt les connaissances préparatoires
qu'il possède depuis longtemps, pour s'en rendre le contenu
présent. Il évoque leur souvenir sans y fixer son intérêt

et y séjourner. L'esprit singulier doit aussi parcourir, selon le contenu, les sphères de culture de l'esprit universel, mais comme des figures déjà déposées par l'esprit, comme les étapes d'un itinéraire qui a été déjà tracé et aplani. Aussi voyons-nous dans le champ des connaissances ce qui, à des époques antérieures, occupait l'esprit mûr des adultes rabaissé à des connaissances, à des exercices, et même à des jeux d'enfants, et on reconnaîtra dans le progrès pédagogique l'histoire de la culture du monde comme esquissée dans une silhouette. Cet être-là passé est déjà une propriété acquise de l'esprit universel, qui constitue la substance de l'individu, et, dès lors, en lui apparaissant comme extérieure, constitue sa nature inorganique. (Préface de la *Phénoménologie de l'esprit*, trad. Jean Hyppolite, Paris, Aubier-Montaigne, 1966, pp. 69-71.)

2. *L'aliénation de l'art grec à l'époque romaine et sa réintériorisation active.*

Muette est devenue la confiance dans les lois éternelles des dieux, aussi bien que la confiance dans les oracles qui devaient connaître le particulier. Les statues sont maintenant des cadavres dont l'âme animatrice s'est enfuie, les hymnes sont des mots que la foi a quittés. Les tables des dieux sont sans la nourriture et le breuvage spirituel, et les jeux et les fêtes ne restituent plus à la conscience la bienheureuse unité d'elle-même avec l'essence. Aux œuvres des Muses manque la force de l'esprit qui voyait jaillir de l'écrasement des dieux et des hommes la certitude de soi-même. Elles sont désormais ce qu'elles sont pour nous : de beaux fruits détachés de l'arbre ; un destin amical nous les a offertes, comme une jeune fille présente ces fruits ; il n'y a plus la vie effective de leur être-là, ni l'arbre qui les porta, ni la terre, ni les éléments qui constituaient leur substance, ni le climat qui faisait leur déterminabilité ou l'alternance des saisons qui réglaient le processus de leur devenir. — Ainsi le destin ne nous livre pas avec les œuvres de cet art leur monde, le printemps et l'été de la vie éthique dans lesquels elles fleurissaient et mûrissaient, mais seulement le souvenir voilé ou la récollection intérieure de cette effectivité. — Notre opération, quand nous jouissons de ces œuvres, n'est donc plus celle du culte divin grâce à laquelle notre conscience atteindrait sa vérité parfaite qui la comblerait, mais elle est l'opération extérieure qui purifie ces fruits de quelques gouttes de pluie ou de quelques grains de poussière, et à la place des éléments intérieurs de l'effectivité éthique qui les environnait, les engendrait et leur donnait l'esprit, établit l'armature interminable des éléments morts de leur existence extérieure, le langage, l'élément de l'histoire, etc., non pas pour pénétrer leur vie, mais seulement pour se les représenter en soi-même. Mais de même que la jeune fille qui offre les fruits de l'arbre est plus que leur nature qui les présentait immédiatement, la nature déployée dans ses conditions et dans ses éléments, l'arbre, l'air, la lumière, etc., parce qu'elle synthétise sous une forme supérieure toutes ces conditions dans l'éclat de son œil conscient de soi et dans le geste qui offre les fruits, de même l'esprit du destin qui nous présente ces œuvres d'art est plus que la vie éthique et l'effectivité de ce peuple, car il est la récollection et l'*intériorisation* de l'esprit autrefois dispersé et *extériorisé* encore en elles ; — il est l'esprit du destin tragique qui recueille tous ces dieux individuels et tous ces attributs de la substance dans l'unique Panthéon, dans l'esprit conscient de soi-même comme esprit. (*Phénoménologie de l'esprit*, II, trad. Jean Hyppolite, Aubier, 1941, pp. 261-262.)

3. *La croissance du contenu.*

Après cela, on peut aussi dire que l'idée absolue est l'universel ; mais cet universel n'est pas simplement une forme abstraite, à laquelle le contenu particulier fait face comme à quelque chose d'autre ; c'est au contraire la forme absolue, dans laquelle sont revenues toutes les déterminations, toute la plénitude du contenu qui a été

posé par elles. L'idée absolue est, à cet égard, comparable
au vieillard qui prononce les mêmes assertions religieuses
que l'enfant, mais pour qui elles ont la signification de
toute sa vie. Même si l'enfant comprend le contenu religieux, celui-ci ne vaut pour lui que comme quelque chose
en dehors de quoi se trouve encore la vie tout entière et
l'univers tout entier. — Il en va de même pour la vie
humaine et les événements qui forment son contenu... Ce
qui est intéressant, c'est le mouvement tout entier. (*Encyclopédie*, Remarque du § 237, in *Werke* (GLOCKNER), VIII,
Stuttgart, Frommann, 1929, pp. 447-448.)

4. *Contre le dogmatisme.*

Le *vrai* et le *faux* appartiennent aux pensées déterminées
qui dans leur immobilité valent comme des essences
indépendantes, dont l'une est là quand l'autre est ici,
fixées et isolées, sans communauté mutuelle. On doit
soutenir au contraire que la vérité n'est pas une monnaie
frappée, toute prête à être dépensée et encaissée. Il y a
un faux aussi peu qu'il y a un mal. Certes, le mal et le faux
ne sont pas aussi mauvais que le Diable, car, comme
Diable, on en fait des *sujets* particuliers ; comme faux et
comme mal, ils sont seulement des *universels*, mais ils
ont pourtant une essentialité propre l'un par rapport à
l'autre. Le faux — c'est de lui seulement qu'on parle ici —
serait l'autre, le négatif de la substance, substance qui
comme contenu du savoir est le vrai. Mais la substance
est elle-même essentiellement le négatif, d'une part comme
distinction et détermination du contenu, d'autre part
comme acte *simple* de distinguer, c'est-à-dire comme Soi
et savoir en général. On peut bien savoir faussement.
Savoir quelque chose d'une façon fausse signifie que le
savoir est dans un état d'inégalité avec sa substance. Mais
précisément cette inégalité est la différenciation en général,
qui est moment essentiel. De cette différenciation provient
l'égalité ; et cette égalité devenue est la vérité. Mais elle
n'est pas vérité, dans un sens qui impliquerait l'élimina-

tion de l'inégalité comme des scories sont rejetées du pur métal, ou même encore comme l'instrument est exclu du vase achevé, mais l'inégalité est plutôt comme le négatif, comme le Soi, encore immédiatement présente dans le vrai comme tel. Pourtant, on ne peut pas dire que le *faux* constitue un moment ou même une partie du vrai. Dans cette expression : qu'en toute fausseté, il y a quelque chose de vrai, les deux termes sont pris comme l'huile et l'eau qui sont rapprochées seulement extérieurement et ne peuvent se mélanger. Précisément pour donner la plénitude de sa signification à la désignation de l'*être-autre complet*, ces termes ne doivent plus servir là où leur être-autre est supprimé. De même les expressions d'*unité* du sujet et de l'objet, du fini et de l'infini, de l'être et de la pensée, présentent cet inconvénient que le sujet et l'objet, etc., signifient ce qu'ils sont *en dehors de leur unité* ; dans leur unité ils n'ont donc plus le sens qu'énonce leur expression... C'est ainsi que le faux n'est plus comme faux un moment de la vérité. (Préface de la *Phénoménologie de l'esprit*, trad. Jean HYPPOLITE, Paris, Aubier-Montaigne, 1966, pp. 93-95.)

5. *Contre le schématisme et le formalisme.*

Il en est de ce formalisme comme de tout autre formalisme. Combien devrait être dure la tête à laquelle, en un quart d'heure, on ne pourrait pas inculquer la théorie selon laquelle il y a des maladies asthéniques, sthéniques et indirectement asthéniques et d'aussi nombreuses méthodes curatives, et combien obtus celui qui ne pourrait espérer, quand un tel enseignement y suffisait il n'y a pas si longtemps, être transformé, en ce court espace de temps, de routinier qu'il était en médecin théorique. Le formalisme de la philosophie de la nature peut enseigner que l'entendement est l'électricité, ou que l'animal est l'azote, ou qu'il est *égal* au sud ou au nord, etc., ou les représente, il peut l'enseigner tout cru comme on vient de l'exprimer, ou assaisonné de plus de terminologie encore ;

l'incompétence peut bien tomber alors dans une stupeur admirative devant un semblable pouvoir, capable de rassembler ce qui paraît si éloigné, devant la violence que le sensible en repos subit par ce lien, et qui lui confère l'apparence d'un concept en s'épargnant la tâche principale, qui est d'exprimer le concept même ou la signification de la représentation sensible, cette incompétence peut s'incliner devant une si profonde génialité, se réjouir du bonheur de telles déterminations parce qu'elles suppléent le concept abstrait par quelque chose d'intuitif en le rendant ainsi plus agréable, elle peut se féliciter de se sentir une affinité instinctive pour cette glorieuse façon de procéder. Le truc d'une telle sagesse est aussi rapidement appris qu'il est facile à pratiquer ; mais sa répétition devient, quand il est bien connu, aussi insupportable que la répétition d'un tour de prestidigitation qu'on a pénétré. L'instrument de ce formalisme monotone n'est pas plus difficile à manier que la palette d'un peintre sur laquelle se trouveraient seulement deux couleurs, par exemple le rouge et le vert, l'une pour colorier une toile si on demande une scène historique, l'autre pour la colorier si on demande un paysage. Il serait difficile de décider ce qui est le plus grand, la facilité avec laquelle tout ce qui est dans le ciel, sur et sous la terre est plâtré avec une telle sauce de couleurs, ou la prétention à l'excellence de ce moyen universel ; l'une soutient l'autre. Le produit de cette méthode, consistant à revêtir tout le céleste et le terrestre, toutes les figures naturelles et spirituelles avec le couple de déterminations du schéma universel, et ainsi à ranger toute chose n'est rien de moins qu'un « rapport clair comme le jour » sur l'organisme de l'univers ; c'est un tableau qui ressemble à un squelette revêtu de bouts de carton collés dessus ou aux rangées de boîtes fermées avec leurs étiquettes dans une boutique d'épicier ; un semblable tableau a écarté ou caché l'essence vivante de la chose et est aussi clair que le squelette où les os sont sans la chair et le sang, et les boîtes où sont cachées des

choses également sans vie. On a déjà noté que cette manière
s'achève par une pure peinture monochrome, quand,
scandalisée par les différences du schéma, elle les enfouit
comme appartenant à la réflexion, dans la vacuité de
l'absolu en sorte que la pure identité, le blanc informe,
est rétabli. Cette monotonie du schéma et de ses déterminations sensibles, cette absolue identité, et la transition
d'une chose à l'autre, tout cela est au même titre entendement mort et connaissance extérieure. (Préface de la
Phénoménologie de l'esprit, trad. Jean HYPPOLITE, Paris,
Aubier-Montaigne, 1966, pp. 119-123.)

6. *Hegel expose sommairement sa conception du vrai.*

Je puis me dispenser d'évoquer le fait qu'en général
la vérité se présente d'abord à l'homme sous la forme de la
religion, vivifiée et fécondée par l'expérience qu'il a de son
propre esprit et de la vie ; car tout autre est le besoin de
saisir cette vérité dans la forme de la pensée, de ne pas
croire seulement en elle, mais, pour reprendre l'expression
que vous employez, de la voir — et de la voir avec les
yeux de l'esprit, car, avec les yeux du corps, cela ne va
pas — de la *savoir*...

Mais dès que nous songeons à saisir, à concevoir la
vérité en pensée, nous rencontrons aussitôt l'idée kantienne
de la pure subjectivité de la pensée — une idée que vous
connaissez et que vous avez dépassée. Comme votre lettre
me l'apprend, vous êtes Français de naissance et vous
vivez dans une saine activité : de ce fait, vous ne pouviez
vous arrêter à une idée allemande, hypocondriaque, qui a
rendu vain pour elle-même tout ce qui est objectif et qui,
ensuite, ne fait plus que jouir en elle-même de cette vanité.
Mais, même en négligeant les autres mérites de la philosophie kantienne, je veux pourtant mentionner ceci : il est
intéressant et instructif de voir chez Kant, dans ce qu'il
appelle ses postulats, non seulement le besoin de l'Idée,
mais même la définition de celle-ci. Ce qui est dit, dans sa
Critique du jugement, de la pensée d'un *entendement intuitif*,

de celle de la *fin en soi* qui, dans les choses organiques, existe en même temps d'une *manière naturelle*, tout cela peut très bien servir d'introduction aux vues qui vont suivre. Mais bien entendu, il faut faire abstraction de son opinion selon laquelle on ne prend de telles idées que comme une maxime subjective de la pensée. — De là, je passe tout de suite à ce que vous indiquez dans votre lettre : le fait que je définis l'Idée comme *devenir*, comme unité de l'être et du néant. Sur ce point, je fais une double remarque : premièrement, l'être et le néant sont les formes les plus abstraites, les plus pauvres et à cause de cela les formes originaires de la contradiction ; Etre et essence, être et pensée, idéalité et réalité, concept et objectivité (...), union et différenciation, etc., sont d'autres formes, mais il ne faut s'en tenir à aucune d'entre elles exclusivement. Au contraire, je ne vois de représentation scientifique qu'en ceci : montrer le passage de l'abstrait — car tout commencement est tel — au concret, comme se suscitant et se développant de lui-même. D'une façon générale, c'est comme unité des réalités distinctes que l'Idée est essentiellement concrète, et l'unité suprême est celle du concept et de son objectivité. De même la vérité, et déjà par rapport aux représentations, est définie comme l'accord de celles-ci avec les objets. Mais je considère alors la vérité dans cette signification plus déterminée : qu'elle se rapporte aux objets en eux-mêmes ou non. Un objet non vrai peut bien exister et nous pouvons en avoir une représentation exacte, mais un tel objet n'est pas tel qu'il *doit être*, c'est-à-dire qu'il n'est pas conforme à son concept (cela, nous l'appelons aussi « mauvais »). Une mauvaise action est une action non vraie, le concept de la volonté rationnelle ne se trouve pas en elle objectivement, et ce concept, c'est ce qu'une action doit être, sa détermination propre. Ainsi l'Idée dans sa signification la plus haute, Dieu, est seule le vrai véritable, c'est-à-dire le lieu où le concept libre ne trouve plus de contradiction non résolue à son objectivité, c'est-à-dire où il n'est plus en aucune manière

prisonnier de la finitude. — Deuxièmement, je remarque
ce qui suit. On doit sans doute poser des définitions telles
que : l'Idée est l'*unité* de l'être et du néant, du concept
et de l'objectivité, du changeant et de l'immuable, etc., et
des propositions telles que : l'être *est* néant, le concept *est*
l'objectivité, l'idéal est le réel et réciproquement, etc.
Mais il est en même temps nécessaire de savoir que toutes
ces définitions et propositions sont unilatérales et que,
dans cette mesure, l'opposition a un droit contre elle.
Le manque qui les affecte en elles-mêmes, c'est précisément
qu'elles n'expriment qu'*un* côté, l'unité, le *est*, et qu'elles
n'expriment pas en même temps la différence qui est
présente (l'être et le néant, etc.), ni le négatif qui se trouve
lié à de telles déterminations...

Mon opinion est donc que l'Idée ne doit être saisie et
exprimée que comme processus en elle-même (exemple :
devenir), comme mouvement. Car le Vrai n'est pas quelque
chose de seulement en repos, de seulement étant, mais
quelque chose qui se meut par soi-même, quelque chose
de vivant ; c'est l'éternelle différenciation et la réduction
de la différence en un être qui est un, jusqu'à obtenir qu'il
n'y ait plus de différence. Ceci, saisi à la manière du sentiment, on l'a aussi appelé l'amour éternel. Un mouvement
en soi qui est aussi bien repos absolu : ce n'est que de cette
manière qu'existe l'Idée, la Vie, l'Esprit... (Lettre à Duboc
du 30 juillet 1822, *Correspondance de Hegel*, in *Werke* (Hoffmeister), XXVIII, Hambourg, Meiner, 1953, pp. 326-329.)

7. *La puissance de l'entendement.*

Décomposer une représentation dans ses éléments originaires, c'est la ramener à ses moments qui du moins,
n'ont plus la forme de l'être-là trouvé, mais constituent
la propriété immédiate du Soi. Cette analyse en vient à
des *pensées* qui sont elles-mêmes des déterminations bien
connues, fixes, et statiques. Mais c'est un moment essentiel
que ce *divisé*, cet ineffectif ; c'est seulement parce que le

concret se divise, et se fait ineffectif qu'il est ce qui se meut. L'activité de diviser est la force et le travail de l'*entende-ment*, de la puissance la plus merveilleuse et la plus grande, ou plutôt, de la puissance absolue. Le cercle, qui repose fermé sur soi et qui comme sustance retient ses moments, est la relation immédiate, et qui donc n'a rien de merveil-leux. Mais que l'accidentel, comme tel, séparé de son entour, ce qui est lié et n'est effectif que dans sa connexion avec un autre, reçoive un être-là propre et une liberté séparée, c'est la puissance prodigieuse du négatif, c'est l'énergie de la pensée, du pur Moi. La mort, si nous voulons donner son nom à cette ineffectivité, est la chose la plus redoutable et soutenir ce qui est mort est ce qui exige la plus grande force. La beauté sans force hait l'entendement parce que l'entendement attend cela d'elle et qu'elle ne peut le faire. Ce n'est pas la vie qui recule d'horreur devant la mort et se préserve pure de la destruction, mais la vie qui supporte la mort et se maintient en elle qui est la vie de l'esprit. L'esprit conquiert sa vérité seulement quand il se retrouve soi-même dans le déchirement absolu. L'esprit n'est pas cette puissance comme le positif, qui se détourne du négatif (ainsi quand nous disons d'une chose qu'elle n'est rien ou qu'elle est fausse, et que débarrassé alors d'elle, nous passons sans plus à quelque chose d'autre) ; mais il est cette puissance seulement quand il regarde le négatif en face et séjourne en lui. Ce séjour est le pouvoir magique, qui convertit le négatif en être. (Préface de la *Phénoméno-logie de l'esprit*, trad. Jean Hyppolite, Paris, Aubier-Montaigne, 1966, pp. 77-79.)

8. *Nécessité du système.*

... Le savoir n'est effectif et ne peut être présenté que comme science ou comme *système* (...), une proposition fondamentale (comme on dit) ou principe de la philosophie, si elle est vraie, est déjà fausse en tant qu'elle est seulement comme proposition fondamentale ou principe. Il est donc aisé de la réfuter. La réfutation consiste dans la manifestation de sa déficience, déficiente, elle l'est parce qu'elle n'est que l'universel, ou le principe, parce qu'elle est le commencement. Si la réfutation est fondamentale, elle est tirée d'elle et développée à partir d'elle, elle ne résulte pas d'assertions opposées, et d'instances produites du dehors. Elle serait donc proprement son développement et par là le complément de sa déficience, si elle ne se méconnaissait pas elle-même, au point de ne voir que son opération *négative*, et de ne pas être consciente de son progrès et de son résultat sous l'aspect *positif*. La propre explication *positive* du commencement est en même temps, à l'inverse, aussi bien un comportement négatif à son égard, c'est-à-dire à l'égard de sa forme unilatérale : être seulement *immédiatement* ou être *but*. Cette explication peut ainsi être considérée comme réfutation de ce qui constitue le *fondement* du système, mais il est plus juste de l'envisager comme l'indice que le *fondement* ou le principe du système est en fait seulement son *commencement*. (Préface de la *Phénoménologie de l'esprit*, trad. Jean HYPPOLITE, Paris, Aubier-Montaigne, 1966, pp. 59-61.)

9. *Le savoir absolu.*

Le royaume des esprits qui ainsi s'est façonné dans l'être-là constitue une succession dans laquelle un esprit a remplacé l'autre, et chacun a pris de son prédécesseur le royaume du monde spirituel. Le but de cette succession est la révélation de la profondeur et celle-ci est le *concept absolu* ; cette révélation est, par conséquent, la suppression de la profondeur du concept ou son *extension*, la négativité de ce Moi concentré en soi-même, négativité qui est son aliénation ou sa substance — et cette révélation est son incarnation temporelle, le *temps* au cours duquel cette aliénation s'aliène en elle-même, et donc dans son extension est aussi bien dans sa profondeur, dans le Soi. Le *but*, le savoir absolu, ou l'esprit se sachant lui-même comme esprit, a pour voie d'accès la récollection des esprits, comme ils sont en eux-mêmes et comme ils accomplissent l'organisation de leur royaume spirituel. Leur conservation, sous l'aspect de leur être-là libre se manifestant dans la forme de la contingence, est l'histoire ; mais sous l'aspect de leur organisation conceptuelle, elle est la *science du savoir phénoménal*. Les deux aspects réunis, en d'autres termes l'histoire conçue, forment la récollection et le calvaire de l'esprit absolu, l'effectivité, la vérité et la certitude de son trône, sans lequel il serait la solitude sans vie ; seulement —

> *aus dem Kelche dieses Geisterreiches*
> *schaümt ihm seine Unendlichkeit* (1).

(*Phénoménologie de l'esprit*, II, trad. Jean HYPPOLITE, Aubier, 1941, pp. 312-313.)

10. *La vie éternelle et le savoir absolu.*

La pensée pure en est venue jusqu'à la contradiction du *subjectif* et de l'*objectif* ; et la véritable réconciliation de la contradiction consiste à apercevoir que cette contradiction poussée absolument à bout se résout elle-même, qu'en soi, comme dit Schelling, les contradictoires sont identiques, et qu'ils ne le sont pas seulement en soi, mais que la vie éternelle consiste à produire éternellement la contradiction et à éternellement la réconcilier. — Savoir que dans l'unité se trouve la contradiction et dans la contradiction l'unité, c'est cela, le *savoir absolu* ; et la science consiste à connaître par elle-même cette unité dans son développement tout entier. (*Leçons sur l'histoire de la philosophie, Werke* (éd. GLOCKNER), XIX, Stuttgart, Frommann, 1928, p. 689.)

(1) Adaptation des deux derniers vers de la poésie de Schiller, *Die Freundschaft* (*Schillers Werke*, éd. Kürschner, I. Teil, p. 358), « Du calice de ce royaume des esprits écume jusqu'à lui sa propre infinité ».

IV. — Dialectique et idéalisme

1. *Le devenir.*

L'Unité, dont l'être et le néant sont des moments insé-
parables, diffère elle-même de ces moments et représente,
par rapport à eux, un *troisième* moment qui est, sous sa
forme la plus particulière, le *devenir*. Le passage de l'un
à l'autre est la même chose que le devenir, à la différence
près que, dans le passage, les deux termes, le terme initial
et le terme final, sont en repos et distants l'un de l'autre,
le passage s'effectuant pour ainsi dire *entre* les deux.
Toutes les fois qu'il est question de l'être et du néant,
ce « troisième » doit exister, car l'être et le néant n'existent
pas par eux-mêmes, mais seulement dans ce troisième.
Mais ce troisième affecte des formes empiriques variées
que l'abstraction laisse de côté ou néglige, afin de maintenir ses produits, l'être et le néant, chacun pour lui-même,
et de les présenter comme préservés du passage de l'un à
l'autre...

... On entend souvent dire que dans l'hypothèse de la
séparation absolue entre l'être et le néant, le commencement ou le devenir est quelque chose d'*inconcevable* ;
car, après avoir admis l'hypothèse impliquant la suppression du commencement ou du devenir, on rétablit celui-ci,
et c'est après avoir créé soi-même cette contradiction et
en avoir rendu la réduction impossible qu'on déclare se
trouver en présence de quelque chose d'inconcevable.

La dialectique dont nous venons de parler est la même
que celle dont l'entendement se sert contre le concept
des *grandeurs infiniment petites* qui découle de l'analyse
supérieure, et dont nous aurons à nous occuper plus loin.
Les grandeurs en question ont été définies comme étant
en voie de disparition, et non *avant* leur disparition, car
alors elles seraient des grandeurs finies, ni *après* leur disparition, car alors elles ne seraient rien. L'objection formulée
contre ce concept pur et souvent répétée est que ces

grandeurs sont *ou* quelque chose *ou* rien ; qu'il n'y a pas d'état intermédiaire (*état* est un terme impropre, barbare) à l'être et au non-être. Ici encore on admet la séparation absolue entre l'être et le non-être. Nous avons montré, au contraire, que l'être et le non-être sont, en fait, une seule et même chose ou, pour parler le langage de tout à l'heure, qu'il n'y a rien qui ne soit un état intermédiaire à l'être et au non-être. Les mathématiques sont redevables de leurs plus beaux succès à l'acceptation de cette détermination qui répugne à l'entendement.

Le raisonnement que nous venons de citer et qui repose sur l'hypothèse de la séparation absolue entre l'être et le néant, sans aller au-delà, ce raisonnement, disons-nous n'est pas de la *dialectique*, mais de la *sophistique*. Car la sophistique est un raisonnement partant d'une hypothèse infondée et qu'on accepte sans critique ni réflexion, alors que nous appelons *dialectique* le mouvement rationnel supérieur, à la faveur duquel ces termes en apparence séparés passent les uns dans les autres spontanément, en vertu même de ce qu'ils sont, l'hypothèse de leur séparation se trouvant ainsi éliminée. C'est en vertu de la nature dialectique qui leur est immanente, que l'être et le néant manifestent leur unité et leur vérité dans le devenir. (*Science de la logique*, trad. S. Jankélévitch, Aubier, 1947, I, p. 86 et pp. 98-99.)

2. *L'être du passage.*

Ce qui disparaît doit plutôt être lui-même considéré comme essentiel, non sous la détermination d'une chose fixe qu'il faudrait laisser séjourner, coupée du vrai, hors de lui, on ne sait où, de même que le vrai à son tour ne doit pas être considéré comme le positif mort, gisant de l'autre côté. L'apparition est le mouvement de naître et de périr qui lui-même ne naît ni ne périt, mais est en soi et constitue l'effectivité et le mouvement de la vie de la vérité. Le vrai est ainsi le délire bachique, dans lequel il n'y a aucun membre qui ne soit ivre, et puisqu'il dissout

aussi immédiatement chaque membre, quand il se sépare,
il est aussi bien le repos translucide et simple. (Préface
de la *Phénoménologie de l'esprit*, trad. Jean HYPPOLITE,
Paris, Aubier-Montaigne, 1966, pp. 109-111.)

3. *La contradiction.*

...Un des principaux préjugés de la Logique, telle qu'elle
a été comprise jusqu'ici, et de la représentation, consiste à
voir dans la contradiction une détermination moins essentielle et immanente que l'identité ; alors que s'il pouvait
ici être question de hiérarchie et s'il fallait persister à
maintenir ces deux déterminations isolées l'une de l'autre,
c'est plutôt la contradiction qui serait la détermination
la plus profonde et la plus essentielle. C'est que l'identité
est, comparativement à elle, détermination du simple
immédiat, de l'Etre mort ; mais elle, la contradiction,
est la racine de tout mouvement et de toute manifestation
vitale ; c'est seulement dans la mesure où elle renferme
une contradiction qu'une chose est capable de mouvement,
d'activité, de manifester des tendances ou impulsions.

La contradiction est généralement ce qu'on écarte en
premier lieu des choses, de l'étant et du vrai en général ;
on dit notamment qu'il n'y a rien de contradictoire. En
deuxième lieu, au contraire, on la refoule dans la réflexion
subjective, en disant que c'est elle qui pose la contradiction,
à force de rapports et de comparaisons. Mais on ne saurait
dire qu'elle existe même dans cette réflexion, car le contradictoire ne saurait être représenté ni pensé. Qu'il s'agisse
de la réalité ou de la réflexion pensante, la contradiction
est considérée comme un simple accident, pour ne pas dire
comme une anomalie ou un paroxysme morbide passager...

Mais c'est un fait d'expérience courante qu'il y a une
foule de choses contradictoires, d'institutions contradictoires, etc., dont la contradiction n'a pas seulement
sa source dans la réflexion extérieure, mais réside dans les
choses et les institutions elles-mêmes. Elle ne doit pas
non plus être considérée comme une simple anomalie qui

s'observerait ici ou là, mais elle est le négatif d'après sa détermination essentielle, elle est le principe de tout mouvement spontané, lequel n'est pas autre chose que la manifestation de la contradiction. Le mouvement extérieur, sensible, est son être-là immédiat. Ce mouvement ne doit pas être compris comme si la chose se trouvait à un moment donné ici et au moment suivant ailleurs, mais comme l'*ici* et le *non-ici* au même moment, et la chose comme étant et n'étant pas à la fois dans le même *maintenant*. On peut convenir que les anciens dialecticiens avaient raison, lorsqu'ils dénonçaient les contradictions que comporte le mouvement ; cependant, il ne s'ensuit pas que le mouvement n'existe pas, mais plutôt que le mouvement est la contradiction même, du fait même de son être-là.

De même, le mouvement spontané interne proprement dit, la tendance ou impulsion en général (appétition ou *nisus* de la monade, l'entéléchie de l'être absolument simple) signifie seulement que sous un seul et même rapport une chose existe en-soi et est en même temps son propre manque ou négatif. L'abstraite identité à soi ne correspond encore à rien de vivant, mais, du fait que le positif est par lui-même négativité, il sort de lui-même et s'engage dans le changement. Une chose n'est donc vivante que pour autant qu'elle renferme une contradiction et possède la force de l'embrasser et de la soutenir. Mais lorsqu'un existant est incapable, dans sa détermination positive, de passer à la détermination négative et de les conserver l'une dans l'autre, autrement dit lorsqu'il est incapable de supporter sa contradiction interne, il n'est pas une unité vivante, il n'est pas fond, mais succombe à sa contradiction. La pensée spéculative consiste seulement à se montrer capable de contenir en-soi la contradiction et non, comme on se le représente généralement, à se laisser dominer par elle et à laisser seulement ses déterminations se transformer en d'autres ou s'annihiler. (*Science de la logique*, II, trad. S. Jankélévitch, Aubier, 1949, pp. 67-68-69.)

4. *Progression quantitative et saut qualitatif.*

La nature ne connaît pas de sauts, dit-on ; et lorsque, dans la vie courante, on veut rendre intelligible une apparition ou une disparition, on ne croit pas pouvoir mieux faire qu'en donnant l'une ou l'autre pour l'effet d'une progression continue. Mais il a été montré quelles variations de l'être en général correspondent, non seulement au passage d'une grandeur à une autre, mais à celui du qualitatif au quantitatif et, inversement, à un devenir qui est une rupture de la progressivité et à la formation de quelque chose qui est qualitativement autre par rapport à la chose qui l'a précédé. Du fait du refroidissement, l'eau, loin de durcir progressivement, de ne devenir glace qu'après avoir traversé plusieurs phases intermédiaires, devient dure d'emblée ; même à la température de la glace, elle garde son état liquide, tant qu'elle reste au repos, mais il suffit de la plus légère secousse pour la transformer en glace.

En parlant de la progressivité de l'apparition, on sous-entend que ce qui apparaît existait déjà réellement avant son apparition, mais sans être perceptible à cause de sa petitesse ; de même qu'en parlant de progressivité de la disparition, on sous-entend que le *non-être* ou l'*autre* qui vient prendre sa place existent également, mais sans être perceptibles ; existent, non en ce sens que l'*autre* soit déjà contenu comme tel dans ce qui existe, mais qu'il est doué d'une existence propre, d'un *être-là* qui échappe à la perception. D'après cette manière de voir, l'apparition et la disparition se trouveraient tout simplement supprimées, ou bien l'*en-soi,* l'intérieur dans lequel une chose réside avant son être-là se trouverait transformé en un être-là *extérieur,* d'une petitesse imperceptible, et la différence essentielle, c'est-à-dire conceptuelle, deviendrait une simple différence de grandeur. Invoquer la progressivité du changement pour expliquer l'apparition et la disparition, c'est user d'une tautologie qui, comme toute tautologie, est ennuyeuse et fastidieuse ; c'est supposer que ce qui apparaît ou disparaît ne correspond à rien de nouveau ou d'inattendu, et c'est réduire la variation à un simple changement de différence extérieure, et c'est cela qui donne à l'explication son caractère purement tautologique. La difficulté à laquelle se heurte l'entendement dans cet effort d'explication réside justement dans le passage qualitatif de quelque chose à son *autre* en général et à son contraire en particulier, alors que l'entendement se représente l'*identité* et la *variation* comme une identité et une variation indifférentes et extérieures du *quantitatif*.

Dans la vie morale, envisagée comme faisant partie de la sphère de l'être, on se trouve en présence de la même transformation du quantitatif en qualitatif et de différences de qualité qui semblent correspondre à des différences de grandeur. Que l'absence de réflexion dépasse seulement une certaine mesure, et l'on voit apparaître quelque chose de tout à fait nouveau, à savoir le crime par lequel la justice se trouve transformée en injustice, la vertu en vice. De même, les différences qualitatives qui existent entre les États se réduisent, toutes les conditions étant égales par ailleurs, à leurs différences de grandeur. Lois et institutions changent, lorsque les dimensions de l'État et le nombre de citoyens augmentent. Pour la grandeur d'un État, il existe une mesure au-delà de laquelle il tombe dans l'instabilité et la décomposition, malgré ses institutions qui, lorsqu'il était plus petit, faisaient sa force et son bonheur. (*Science de la logique*, I, trad. S. JANKÉ-LÉVITCH, Aubier, 1947, pp. 421-423.)

5. *Le dépassement.*

Dépassement et *dépassé (l'idéel)* est un des concepts les plus importants de la philosophie, une détermination fondamentale, qui revient à tout instant, dont il importe de bien savoir le sens, détermination qu'il faut surtout bien distinguer du *néant*. Ce qui se dépasse ne devient pas pour cela néant. Le néant est l'*immédiat* ; une chose dépassée, au contraire, est un *médiat*. Elle est le non-existant, mais en tant que *résultat* ayant pour source et pour origine un être. Elle garde encore, pour cette raison, *le caractère défini de cette source.*

Dans le langage courant, dépasser a un double sens : celui de conserver, de maintenir (*aufheben* signifie en allemand relever, soulever et supprimer), et celui de faire cesser, de *mettre un terme.* Conserver, maintenir implique en outre une signification négative, à savoir qu'on enlève à quelque chose, pour le conserver, son immédiateté, son être-là accessible aux influences extérieures. C'est ainsi que ce qui est dépassé est en même temps ce qui est conservé, mais a seulement perdu son immédiateté, sans être pour cela anéanti. Lexicologiquement, ces deux déterminations du dépassement peuvent être considérées comme deux *significations* de ce mot. On pourrait donc trouver surprenant qu'une langue en soit venue à employer un seul et même mot pour désigner deux déterminations opposées. La pensée spéculative ne peut que se réjouir de trouver dans la langue des mots ayant par eux-mêmes une signification spéculative, et la langue allemande possède plusieurs de ces mots. Le double sens du mot latin : *tollere* (que le mot d'esprit de Cicéron : *tollendum esse Octavium* a rendu célèbre) ne va pas jusque-là ; il se contente de faire ressortir la détermination affirmative. On ne dépasse une chose qu'en faisant en sorte que cette chose forme une unité avec son contraire ; dans cette détermination plus approchée, on peut lui donner le nom de *moment.* Dans le cas du levier, on appelle *moment* le poids et la distance à partir d'un certain point, et cela à cause de l'identité de leur action, quelles que soient, par ailleurs, les différences que comporte un réel, comme le poids, ou un idéal représenté par la simple détermination spatiale, par la ligne. (*Science de la logique*, trad. S. JANKÉLÉVITCH, I, Aubier, 1947, pp. 101-102 (Traduction légèrement modifiée. Nous avons préféré *dépassement* et *dépassé* à *suppression* et *supprimé* pour rendre les mots allemands *Aufhebung* et *aufgehoben*).)

6. *La substance est sujet.*

Selon ma façon de voir, que doit seulement justifier la présentation du système, tout dépend de ce point essentiel : saisir et exprimer le vrai, non seulement comme *substance* mais encore comme *sujet.*

. . . .

Le vrai est effectif uniquement comme système ; la substance est essentiellement sujet, c'est cela qui est exprimé dans la représentation qui énonce l'Absolu comme *esprit* — c'est là le concept le plus sublime, et il appartient au temps moderne et à sa religion. Seul le spirituel est l'*effectif* ; il est l'essence ou l'*étant-en-soi,* — ce qui *entre en rapport* et est *déterminé,* l'*être-autre,* et l'*être-pour-soi* — et ce qui, dans cette détermination ou dans son être-à-l'extérieur-de-soi, demeure en soi-même — c'est-à-dire qu'il est en *soi et pour soi.* — Mais cet être-en-soi-et-pour-soi, il l'est d'abord pour nous ou *en soi,* il est la *substance* spirituelle ; or il doit l'être *pour soi-même,* il doit être le savoir du spirituel et le savoir de soi-même comme esprit, c'est-à-dire qu'il doit être *objet* de soi-même, mais objet qui tout aussi immédiatement se supprime comme objet et se réfléchit en soi-même. *Pour soi,* il l'est uniquement pour nous, en tant que son contenu spirituel est engendré par lui, mais en tant qu'il est aussi pour soi pour soi-même, c'est que cet engendrement de soi, le pur concept, est en même temps pour lui l'élément objectif dans lequel il a son être-là, et de cette façon, dans son être-là, il est pour soi-même objet réfléchi en soi-même. L'esprit qui, ainsi développé, se sait comme esprit, est la *science.* Elle est l'effectivité de l'esprit et le royaume qu'il se construit dans son propre élément. (Préface de la *Phéno-ménologie de l'esprit,* trad. Jean HYPPOLITE, Paris, Aubier-Montaigne, 1966, pp. 47 et 61-63.)

7. *En soi et pour soi.*

L'Idée, comme évolution, doit d'abord se faire ce qu'elle est ; ceci paraît une contradiction pour l'entendement, mais l'essence de la philosophie consiste précisément à résoudre les contradictions de l'entendement.

En ce qui concerne l'évolution comme telle, nous avons deux choses à distinguer — deux états pour ainsi dire — la disposition, le pouvoir, l'être en soi (*potentia*, δύναμις) et l'être pour soi, la réalité (*actus*, ἐνέργεια).

Ce qui tout de suite se présente à nous dans l'évolution, c'est qu'il doit exister quelque chose qui se développe, donc quelque chose d'enveloppé — le germe, la disposition, le pouvoir, c'est ce que Aristote appelle δύναμις, c'est-à-dire la possibilité (toutefois la possibilité réelle, non une possibilité d'une manière générale, une possibilité superficielle) ou, comme on l'appelle, l'en soi, ce qui est en soi et seulement ainsi.

De ce qui est en soi, on a d'ordinaire cette haute opinion, c'est que c'est le vrai. Connaître Dieu et le monde se nomme les connaître en soi. Or, ce qui est en soi n'est pas encore le vrai, mais l'abstrait ; c'est le germe du vrai, la disposition, l'être en soi du vrai. C'est quelque chose de simple qui contient en soi les qualités de beaucoup de choses, mais sous la forme de la simplicité — c'est un contenu encore enveloppé.

Le germe en fournit un exemple.

. . . .

Si l'on avait d'abord l'en soi de la réalisation, le germe, etc., et en second lieu l'existence, ce qui le manifeste, on a en troisième lieu leur identité, plus précisément le fruit de l'évolution, le résultat de tout ce mouvement ; je l'appelle abstraitement l'*être pour soi*. C'est l'être pour soi de l'homme, de l'esprit même ; car la plante ne le possède pas, si nous usons d'un langage qui se rapporte à la conscience. L'esprit seul devient en vérité pour soi, identique avec lui-même.

. . . .

C'est là la notion de l'évolution, notion tout à fait générale ; c'est d'une manière générale la vitalité, le mouvement. Cette évolution, c'est la vie de Dieu en lui-même, de l'universalité dans la nature et l'esprit, de tout ce qui est vivant, de l'être le plus faible, comme le plus élevé. Elle est différenciation de soi, production de l'être-là, un être pour autre chose, tout en restant identique à elle-même. C'est l'éternelle création du monde, sous l'autre forme du Fils et l'éternel retour de l'Esprit en soi — c'est un mouvement absolu et en même temps un repos absolu — une éternelle médiation avec soi. C'est là l'être auprès de soi *(Beisichsein)* de l'Idée, le pouvoir de rentrer en soi, de s'unir à l'autre et de se posséder en lui. Ce pouvoir, cette force d'être auprès de soi, en se niant, c'est aussi la liberté de l'homme. (*Leçons sur l'histoire de la philosophie*, Introduction, trad. J. Gibelin, Paris, Gallimard, 1954, pp. 95-96, 101, 102.)

8. *Définitions de l'idéalisme.*

A) La proposition selon laquelle le fini est idéel constitue l'idéalisme. L'idéalisme de la philosophie ne consiste en rien d'autre qu'en ceci : ne pas reconnaître le fini comme l'être véritable. (*Science de la logique*, *Werke* (Glockner), IV, Stuttgart, Frommann, 1928, p. 181.)

B) L'action continuelle de la vie, c'est (...) l'idéalisme absolu ; elle devient l'autre, qui à son tour est toujours dépassé. Si la vie était réaliste, alors elle aurait du respect devant ce qui est extérieur ; mais elle entrave toujours la réalité de ce qui lui est autre, et elle le transforme en elle-même. (*Encyclopédie*, *Werke* (Glockner), IX, Stuttgart, Frommann, 1929, p. 451.)

9. *Illustration de l'idéalisme.*

On peut dire à ceux qui affirment cette vérité et cette certitude de la réalité des objets sensibles, qu'ils doivent revenir dans les écoles élémentaires de la sagesse, revenir précisément aux anciens mystères d'Éleusis (de Cérès et de Bacchus), et qu'ils ont d'abord à apprendre le secret de manger le pain et de boire le vin. Car l'initié à ces mys-

tères n'aboutit pas seulement à douter de l'être des choses
sensibles, mais encore à en désespérer ; pour une part, il
accomplit l'anéantissement de ces choses, et pour l'autre,
il les voit accomplir cet anéantissement. Les animaux
mêmes ne sont pas exclus de cette sagesse, mais se montrent
plutôt profondément initiés à elle ; car ils ne restent pas
devant les choses sensibles comme si elles étaient en soi,
mais ils désespèrent de cette réalité et dans l'absolue
certitude de leur néant, ils les saisissent sans plus et les
consomment. Et la nature entière célèbre comme les
animaux ces mystères révélés à tous qui enseignent quelle
est la vérité des choses sensibles. (*Phénoménologie de l'esprit*,
I, trad. Jean Hyppolite, Aubier, 1939, pp. 90-91.)

10. *Le primat de l'activité.*

A) Un état de choses qu'il faut accepter comme quelque
chose d'absolument achevé, et dont on doit jouir comme
tel ; un état de choses dans lequel tout est calculé à l'avance
— en particulier l'éducation et les procédés pour accoutu-
mer les gens à lui et pour faire de lui une seconde nature —
tout cela répugne d'une manière générale à la nature de
l'esprit, qui prend la vie existante pour objet et qui consiste
en une tendance infinie et une activité en vue de la modifier.
(*Leçons sur la philosophie de l'histoire*, in *Werke* (Glockner),
XI, Stuttgart, Frommann, 1928, p. 274.)

B) Pour apprendre ce qu'est le vrai dans les choses, il
ne suffit pas de faire simplement attention, mais il faut
encore notre activité subjective qui transforme ce qui
était immédiatement donné. (*Encyclopédie*, § 22, Remarque,
in *Werke* (Glockner), VIII, Stuttgart, Frommann, 1929,
p. 80.)

11. *L'outil et la machine.*

A) Étant finie, la fin a un contenu également fini ;
donc elle n'a rien d'absolu, rien de rationnel même en-et-
pour-soi. Mais le moyen constitue le milieu extérieur du

syllogisme, qui est la réalisation de la fin ; c'est dans le moyen que réside l'élément rationnel de la fin, c'est par le moyen qu'elle se conserve dans tel ou tel autre extérieur, et grâce à cette extériorité. Pour cette raison, le moyen est supérieur aux fins finies de la finalité extérieure ; la charrue est supérieure aux services qu'elle rend et aux satisfactions qu'elle procure et en vue desquelles elle existe. L'outil subsiste et dure, alors que les jouissances qu'il est destiné à procurer passent et sont vite oubliées. Grâce à ses outils, l'homme possède un pouvoir sur la nature extérieure, dont il dépend cependant quant aux buts qu'il poursuit. (*Science de la logique*, trad. S. Janké-lévitch, II, Aubier, 1949, pp. 451-452.)

B) Le rapport de l'homme et de ses besoins à la nature extérieure est d'ordre pratique. En se satisfaisant grâce à elle et en l'usant, il se sert d'intermédiaires. Les objets de la nature, en effet, sont puissants et offrent une résistance multiple. Pour en avoir raison, l'homme fait intervenir d'autres objets de la nature, la tourne ainsi contre elle-même et à cette fin, invente des *outils*. Ces inventions humaines relèvent de l'esprit et il faut estimer ces outils plus que les objets de la nature. (*Leçons sur la philosophie de l'histoire*, trad. J. Gibelin, Vrin, Paris, 1946, p. 219.)

C) L'activité propre de la nature, l'élasticité des ressorts, l'eau, le vent sont utilisés pour accomplir dans leur être sensible quelque chose de tout différent de ce qu'ils vou-laient ; leur activité aveugle est transformée en une activité finaliste, le contraire d'elle-même : conduite rationnelle de la nature, lois, dans son existence extérieure. Il n'arrive rien à la nature elle-même ; des buts particuliers de l'être naturel deviennent quelque chose de général. L'instinct se retire ici entièrement du travail. Il laisse la nature s'user, il regarde tranquillement et il dirige le tout avec très peu de peine : ruse. La large face de la force est atta-quée par la pointe de la ruse. C'est l'honneur de la ruse affrontée à la force que de prendre la force par un côté tel qu'elle se retourne contre elle-même, de l'attaquer, de la saisir comme déterminabilité, d'être actif contre elle, ou plus précisément de la rendre réversible en elle-même, de la dépasser *(aufheben)*...

Vent, fleuve puissant, océan puissant, contraint, domestiqué. Pas de manières avec lui — misérable sensiblerie, celle qui s'en tient au particulier. (*Realphilosophie*, in *Werke* (Lasson), t. XX, Leipzig, Meiner, 1931, pp. 198-199.)

12. *Le travail de sape de l'esprit.*

L'esprit va toujours de l'avant, car seul l'esprit est progrès. Souvent il semble avoir une défaillance, il semble s'être perdu ; mais opposé à lui-même intérieurement, il est, intérieurement, travail ininterrompu — comme Hamlet dit de l'esprit de son père : « Bien travaillé, brave taupe ! » —, jusqu'à ce que, fortifié en lui-même, il défonce maintenant l'écorce de terre qui le séparait de son soleil, de son concept, de telle manière qu'elle s'effondre. Au moment où elle s'effondre, bâtisse pourrie et sans âme, et où il se montre sous la figure d'une nouvelle jeunesse, il a chaussé les bottes de sept lieues. (*Leçons sur l'histoire de la philosophie*, in *Werke* (Glockner), XIX, Stuttgart, Frommann, 1929, p. 685.)

V. — L'histoire

1. *L'idéalisme historique.*

L'Esprit d'un peuple doit donc être considéré comme le développement d'un principe d'abord implicite et opérant sous la forme d'une obscure tendance, qui s'explicite par la suite et tend à devenir objectif. Un tel Esprit est un Esprit déterminé, un tout concret. Il *doit* être connu dans son caractère déterminé. Étant Esprit, il ne peut être saisi que par l'Esprit, par la pensée — et cette pensée, c'est nous qui la concevons. Mais l'Esprit d'un peuple se saisit également lui-même par la pensée. Nous avons

donc à considérer le concept déterminé, le principe interne
de chaque Esprit populaire. Ce principe est en lui-même
très riche et se déploie en formes multiples. Car l'Esprit
est vivant et actif et il s'affaire autour de sa propre production. C'est lui qui se manifeste dans toutes les actions et
les aspirations du peuple, c'est lui qui se réalise, jouit de
lui-même et se connaît lui-même. Il s'explicite et se développe dans la religion, la science, les arts, les destins, les
événements. C'est bien cela, et non la détermination naturelle du peuple (comme pourrait le suggérer l'étymologie
du mot « nation », de « nasci »), qui confère à un peuple
son caractère particulier. Dans son activité, l'Esprit du
peuple ne connaît tout d'abord que les fins de sa réalité
déterminée — il ne se connaît pas encore lui-même. Il a
pourtant le désir de connaître ses propres pensées. Sa plus
haute activité est la pensée et dans ses actions les plus
élevées, il travaille à se saisir lui-même. Ce qui est suprême
pour l'Esprit, c'est de se savoir lui-même, de parvenir non
seulement à l'intuition mais aussi à la pensée de lui-même.
Cela doit s'accomplir et s'accomplit. Mais cet accomplissement signifie également son déclin, et ce déclin marque le
passage à une autre étape et l'avènement d'un autre Esprit.
L'Esprit d'un peuple particulier s'accomplit dans la mesure
où il sert de transition vers le principe d'un autre peuple,
et c'est ainsi que s'effectue la progression, la naissance et la
dissolution des principes des peuples. La tâche de l'histoire
philosophique consiste précisément à montrer l'enchaînement de ce mouvement. (*La Raison dans l'histoire*, trad.
K. Papaioannou, « Le monde en 10-18 », 1965, pp. 86-87.)

2. *Le mouvement silencieux de la base spirituelle.*

Dans le cours de l'histoire, le moment de la conservation
d'un peuple, d'un État, des sphères subordonnées de sa
vie, est un moment essentiel. C'est ce qui est assuré par
l'activité des individus qui participent à l'œuvre commune
et concrétisent ses différents aspects. Mais il existe un
autre moment : c'est le moment où l'ordre existant est

détruit parce qu'il a épuisé et complètement réalisé ses
potentialités, parce que l'histoire et l'Esprit du Monde
sont allés plus loin. Nous ne parlerons pas ici de la position
de l'individu à l'intérieur de la communauté, de son
comportement moral et de ses devoirs. Ce qui nous intéresse, c'est seulement l'Esprit avançant et s'élevant à un
concept supérieur de lui-même. Mais ce progrès est intimement lié à la destruction et la dissolution de la forme précédente du réel, laquelle a complètement réalisé son concept.
Ce processus se produit selon l'évolution interne de l'Idée
mais, d'autre part, il est lui-même produit par les individus
qui l'accomplissent activement et qui assurent sa réalisation. C'est le moment justement où se produisent les
grands conflits entre les devoirs, les lois et les droits
existants et reconnus, et les possibilités qui s'opposent à ce
système, le lèsent, en détruisent le fondement et la réalité,
et qui présentent aussi un contenu pouvant paraître également bon, profitable, essentiel et nécessaire. Ces possibilités deviennent, dès lors, historiques ; elles contiennent
un universel d'une autre espèce que celui qui est à la base
de l'existence du peuple ou de l'État. Cet universel est un
moment de l'Idée créatrice, un moment de l'élan de la
vérité vers elle-même. (*La Raison dans l'histoire*, trad.
K. Papaioannou, « Le monde en 10-18 », 1965, p. 120.

3. *Le tumulte de l'histoire.*

Nous voyons un immense tableau d'événements et
d'actions, un tableau de formes de peuples, d'États, d'individus, formes infiniment variées et qui se succèdent sans
répit. Tout ce qui peut pénétrer dans l'esprit de l'homme
et l'intéresser, toutes les impressions du bien, du beau,
du grand, tout cela y est entraîné ; partout des buts sont
conçus et mis en œuvre, des buts dont nous reconnaissons
la valeur, et dont nous souhaitons l'accomplissement ;
nous éprouvons pour eux de l'espoir et de la crainte. Dans
tous ces événements et dans toutes ces occasions, nous
voyons paraître à la surface l'activité et la souffrance

humaines, partout quelque chose qui nous concerne et, à cause de cela, partout une inclination de notre intérêt, pour ou contre. Tantôt c'est la beauté, la liberté, la richesse, qui nous attire ; tantôt, c'est l'énergie qui nous séduit, l'énergie grâce à laquelle le vice lui-même sait se donner de l'importance. Tantôt nous voyons l'ample masse d'un intérêt général se mouvoir lourdement et tomber en poussière en devenant la proie d'un ensemble infini de petites circonstances — et, ensuite, nous voyons une bagatelle se produire grâce à un énorme déploiement de forces, ou bien quelque chose d'énorme surgir de conditions apparemment infimes — partout la cohue la plus bigarrée, qui nous captive, et quand une chose disparaît, une autre prend aussitôt sa place. (*Leçons sur la philosophie de l'histoire*, Introduction, in *Werke* (Hoffmeister), t. XVIII *a*, Hambourg, Meiner, 1955, p. 34.)

4. *L'action individuelle a des conséquences générales imprévues.*

... Dans l'histoire mondiale, les hommes produisent en général par leurs actions encore autre chose que ce qu'ils projettent et atteignent, que ce qu'ils savent et veulent immédiatement. Ils accomplissent ce qui est leur intérêt ; mais en même temps se réalise en outre un surplus, qui s'y trouve aussi intérieurement, mais dont ils n'avaient pas conscience et qu'ils ne visaient pas.

Exemple : un homme incendie la maison d'un autre homme, pour une vengeance qui est peut-être juste, c'est-à-dire à cause d'une offense injuste. Ici se manifeste déjà une interdépendance de l'action immédiate et d'autres circonstances qui elles-mêmes sont cependant extérieures, qui n'appartiennent pas à cette action, si on la prend immédiatement tout à fait en soi. En tant que telle, celle-ci est l'approche peut-être d'une petite flamme près d'un petit emplacement d'une poutre. Ce qui n'a pas encore été ainsi accompli va s'accomplir ensuite de soi-même. L'endroit de la poutre qui a été enflammé est

rattaché aux autres endroits de celle-ci, la poutre est
rattachée à la charpente de la maison tout entière, celle-ci
aux autres maisons, et un vaste foyer d'incendie prend
naissance. Il dévore les biens de beaucoup d'autres hommes
que celui contre qui la vengeance était dirigée, et même
il coûte la vie à de nombreuses personnes. Ceci ne se
trouvait ni dans l'action immédiate, ni dans l'intention
de celui qui avait entrepris une telle chose. Mais cette
action contient encore une autre détermination générale :
dans le but de l'auteur, elle n'était qu'une vengeance
contre un individu, par la destruction de ses biens ; mais
elle est en outre un crime, ce qui implique d'ailleurs le
châtiment de celui-ci. Il est bien possible que cela ne se
soit pas trouvé dans la conscience de l'auteur, et encore
moins dans sa volonté : mais c'est son action en soi, ce
qu'elle comporte de substantiel et de général, et qui est
accompli par elle. De cet exemple, il convient de retenir
seulement que dans une action immédiate, il peut se trouver
encore autre chose que dans la volonté et dans la conscience de l'auteur. Cependant, en lui, cet exemple comporte
en outre ceci : la substance de l'action, et de ce fait l'action
elle-même, se retourne contre celui qui l'a accomplie ; elle devient à son égard un choc en retour qui le détruit... (*Leçons
sur la philosophie de l'histoire*, Introduction, in *Werke* (HOFF-
MEISTER), t. XVIII *a*, Hambourg, Meiner, 1955, pp. 88-89.)

5. *Rien de grand ne se fait sans passion.*

Les lois et les principes ne vivent pas et ne s'imposent
pas immédiatement d'eux-mêmes. L'activité qui les rend
opératoires et leur confère l'être, c'est le besoin de l'homme,
son désir, son inclination et sa passion. Pour que je fasse
de quelque chose une œuvre et un être, il faut que j'y
sois intéressé. Je dois y participer et je veux que l'exécution
me satisfasse, qu'elle m'intéresse. « Intérêt » signifie « être
dans quelque chose », une fin pour laquelle je dois agir
doit aussi, d'une manière ou d'une autre, être aussi ma
fin personnelle. Je dois en même temps satisfaire *mon*

propre but, même si la fin pour laquelle j'agis présente encore beaucoup d'aspects qui ne me concernent pas. C'est là le deuxième moment essentiel de la liberté : le droit infini du sujet de trouver la satisfaction dans son activité et son travail. Si les hommes doivent s'intéresser à une chose, il faut qu'ils puissent y participer activement. Il faut qu'ils y retrouvent leur propre intérêt et qu'ils satisfassent leur amour-propre. Ici, il faut dissiper un malentendu : on a raison d'employer le mot intérêt dans un sens péjoratif et de reprocher à un individu d'être *intéressé*. On veut dire par là qu'il ne cherche que son bénéfice personnel, sans se soucier de la fin générale sous le couvert de laquelle il cherche son profit, et même en la sacrifiant à celui-ci. Mais celui qui consacre son activité à une chose n'est pas seulement intéressé en général, mais *s'y* intéresse : la langue rend exactement cette nuance. Il n'arrive donc rien, rien ne s'accomplit, sans que les individus qui y collaborent ne se satisfassent aussi. Car ce sont des individus particuliers, c'est-à-dire des hommes dont les besoins, les désirs et les intérêts en général sont particuliers, tout en étant foncièrement les mêmes que ceux des autres. Parmi ces intérêts, il faut compter non seulement l'intérêt de leur besoin et de leur volonté propre, mais aussi celui de leur réflexion, de leur conviction ou tout au moins de leur opinion, si toutefois le besoin du raisonnement, de l'entendement et de la raison s'est déjà éveillé. Les hommes exigent aussi que la cause pour laquelle ils doivent agir, leur plaise, que leur opinion lui soit favorable : ils veulent être présents dans l'estimation de la valeur de la cause, de son droit, de son utilité, des avantages qu'ils pourront récolter. C'est là un caractère essentiel de notre époque : les hommes ne sont plus guère conduits par l'autorité ou la confiance ; c'est seulement en suivant leur jugement personnel, leur conviction et leur opinion indépendantes qu'ils consentent à collaborer à une chose.

. . . .

Nous disons donc que rien ne s'est fait sans être soutenu par l'intérêt de ceux qui y ont collaboré. Cet intérêt, nous l'appelons passion lorsque, refoulant tous les autres intérêts ou buts, l'individualité tout entière se projette sur un objectif avec toutes les fibres intérieures de son vouloir et concentre dans ce but ses forces et tous ses besoins. En ce sens, nous devons dire que *rien de grand ne s'est accompli dans le monde sans passion.* (*La Raison dans l'histoire*, trad. K. PAPAIOANNOU, « Le monde en 10-18 », 1965, pp. 104-105 et 108-109.)

6. *Le valet de chambre de la moralité.*

L'action est-elle auréolée de gloire ! ce jugement sait cet intérieur comme *recherche* de la gloire ; — l'action est-elle en général conforme à la condition sociale de l'individu sans aller au-delà de cette condition, et constituée de telle sorte que l'individualité n'assume pas cette condition comme une détermination extérieure, mais remplit de soi-même cette universalité, et se montre par là capable de quelque chose de plus haut, alors ce jugement sait l'inté-rieur de cette action comme ambition, etc. Si dans l'action en général, l'individu qui agit parvient à l'intuition de *soi-même* dans l'objectivité ou au sentiment de soi dans son être-là et donc à la jouissance, le jugement sait l'intérieur comme impulsion vers une félicité propre, quand même cette félicité consisterait seulement dans la vanité morale intérieure, dans la jouissance qu'a la conscience de sa propre excellence et dans l'avant-goût de l'espérance d'une félicité future. — Aucune action ne peut échapper à un tel jugement, car le devoir pour le devoir, ce but pur, est ce qui est sans effectivité ; il a son effectivité dans l'opération de l'individualité et l'action a ainsi le côté de la particularité en elle. — Il n'y a pas de héros pour son valet de chambre ; mais non pas parce que le héros n'est pas un héros, mais parce que le valet de chambre est — le valet de chambre, avec lequel le héros n'a pas affaire en tant que héros, mais en tant que mangeant, buvant, s'habillant, en général en tant qu'homme privé dans la singularité du besoin et de la représentation. De même pour le jugement, il n'y a aucune action dans laquelle il ne puisse opposer le côté de la singularité de l'individualité au côté universel de l'action, et à l'égard de celui qui agit jouer le rôle du valet de chambre de la moralité. (*Phénoménologie de l'esprit*, trad. Jean HYPPOLITE, II, Aubier, 1941, pp. 194-195.)

7. *La belle âme.*

Il lui manque la force pour s'aliéner, la force de se faire soi-même une chose et de supporter l'être. La conscience vit dans l'angoisse de souiller la splendeur de son intériorité par l'action et l'être-là, et pour préserver la pureté de son cœur, elle fuit le contact de l'effectivité et persiste dans l'impuissance entêtée, impuissance à renoncer à son Soi affiné jusqu'au suprême degré d'abstraction, à se donner la substantialité, à transformer sa pensée en être et à se confier à la différence absolue. L'objet creux qu'elle crée pour soi-même la remplit donc maintenant de la conscience du vide. Son opération est aspiration nostalgique qui ne fait que se perdre en devenant objet sans essence, et au-delà de cette perte retombant vers soi-même se trouve seulement comme perdue ; — dans cette pureté transparente de ses moments, elle devient une malheureuse *belle âme*, comme on la nomme, sa lumière s'éteint peu à peu en elle-même, et elle s'évanouit comme une vapeur sans forme qui se dissout dans l'air. (*Phénoménologie de l'esprit* trad. Jean HYPPOLITE, Aubier, 1941, II, p. 189.)

8. *Le grand homme révèle à ses contemporains leur volonté inconsciente.*

Ce sont les grands hommes historiques qui saisissent cet universel supérieur et font de lui leur but ; ce sont eux qui réalisent ce but qui correspond au concept supérieur de l'Esprit. C'est pourquoi on doit les nommer des *héros*. Ils n'ont pas puisé leurs fins et leur vocation dans le cours des choses consacré par le système paisible et ordonné du régime. Leur justification n'est pas dans l'ordre existant, mais il la tirent d'une autre source. C'est l'Esprit caché, encore souterrain, qui n'est pas encore parvenu à une existence actuelle, mais qui frappe contre le monde actuel parce qu'il le tient pour une écorce qui ne convient pas au noyau qu'elle porte. Mais toutes les opinions, les fins et les idéaux qui représentent une déviation par rapport aux normes établies n'appartiennent pas pour autant à la réalité à venir. Les aventuriers de toute sorte ont de tels idéaux et leur activité correspond toujours à des représentations qui vont à l'encontre des conditions existantes. Mais le fait que ces représentations, ces bonnes raisons et ces principes généraux ne sont pas conformes à l'ordre existant ne les justifie pas. Les véritables buts ne peuvent surgir que du contenu que l'Esprit intérieur a lui-même élaboré en vertu de sa puissance absolue. Et les individus historiques sont ceux qui ont voulu et accompli non une chose imaginée et présumée, mais une chose juste et nécessaire et qu'ils l'ont compris parce qu'ils ont reçu intérieurement la révélation de ce qui est nécessaire et appartient réellement aux possibilités du temps.

. . . .

L'état du monde n'est pas encore connu. Le but est de l'amener à cette connaissance. Tel est bien le but des hommes historiques et c'est là qu'ils trouvent leur satisfaction. Ils sont conscients de l'impuissance de ce qui existe encore, mais qui n'a qu'un semblant de réalité. L'Esprit qui a progressé à l'intérieur et qui est en train de sortir de terre, a transcendé dans son concept le monde existant. Sa conscience de soi n'y trouve plus la satisfaction ; son insatisfaction montre qu'il ne sait pas encore ce qu'il veut. Ce qu'il veut n'existe pas encore de façon affirmative ; et il se place donc du côté négatif. Les individus historiques sont ceux qui ont dit les premiers ce que les hommes veulent. Il est difficile de savoir ce qu'on veut. On peut, certes, vouloir ceci ou cela, mais on reste dans le négatif et le mécontentement : la conscience de l'affirmatif peut fort bien faire défaut. Mais les grands hommes savent aussi que ce qu'ils veulent est l'affirmatif. C'est leur propre satisfaction qu'ils cherchent : ils n'agissent pas pour satisfaire les autres. S'ils voulaient satisfaire les autres, ils eussent eu beaucoup à faire parce que les autres ne savent pas ce que veut l'époque et ce qu'ils veulent eux-mêmes. Il serait vain de résister à ces personnalités historiques parce qu'elles sont irrésistiblement poussées à accomplir leur œuvre. Il appert par la suite qu'ils ont eu raison, et les autres, même s'ils ne croyaient pas que c'était bien ce qu'ils voulaient, s'y attachent et laissent faire. Car l'œuvre du grand homme exerce en eux et sur eux un pouvoir auquel ils ne peuvent pas résister, même s'ils le considèrent comme un pouvoir extérieur et étranger, même s'il va à l'encontre de ce qu'ils croient être leur volonté. Car l'Esprit en marche vers une nouvelle forme est l'âme interne de tous les individus ; il est leur intériorité inconsciente, que les grands hommes porteront à la conscience. Leur œuvre est donc ce que visait la véritable volonté des autres ; c'est pourquoi elle exerce sur eux un pouvoir qu'ils acceptent malgré les réticences de leur volonté consciente : s'ils suivent ces conducteurs d'âmes, c'est parce qu'ils y sentent la puissance irrésistible de leur propre esprit intérieur venant à leur rencontre. (*La Raison dans l'histoire*, trad. K. Papaioannou, « Le monde en 10-18 », 1965, pp. 120-123.)

9. *La ruse de la raison.*

L'intérêt particulier de la passion est donc inséparable de l'affirmation active de l'Universel ; car l'universel résulte du particulier et du déterminé, et de leur négation. Le particulier a son propre intérêt dans l'histoire ; c'est un être fini et en tant que tel il doit périr. C'est le particulier qui s'use dans le combat et est en partie détruit. C'est de ce combat et de cette disparition du particulier que résulte l'Universel. Celui-ci n'en est point troublé.

Ce n'est pas l'Idée qui s'expose au conflit, au combat et au danger ; elle se tient en arrière hors de toute attaque et de tout dommage et envoie au combat la passion pour s'y consumer. On peut appeler *ruse de la Raison* le fait qu'elle laisse agir à sa place les passions, en sorte que c'est seulement le moyen par lequel elle parvient à l'existence qui éprouve des pertes et subit des dommages. Car c'est seulement l'apparence phénoménale qui est en partie nulle et en partie positive. Le particulier est trop petit en face de l'Universel : les individus sont donc sacrifiés et abandonnés. L'Idée paie le tribut de l'existence et de la caducité non par elle-même, mais au moyen des passions individuelles. César devait accomplir le nécessaire et donner le coup de grâce à la liberté moribonde. Lui-même a péri au combat, mais le nécessaire demeura : la liberté selon l'idée se réalise sous la contingence extérieure. (*La Raison dans l'histoire*, trad. K. Papaioannou, « Le monde en 10-18 », 1965, pp. 129-130.)

BIBLIOGRAPHIE

Les travaux consacrés à Hegel et à sa philosophie sont très nombreux. Nous n'avons retenu ici que quelques livres importants, édités ou réédités récemment en langue française.

H. Niel, *De la médiation dans la philosophie de Hegel*, Paris, Aubier, 1945.

A. Kojève, *Introduction à la lecture de Hegel. Leçons sur la Phénoménologie*, Paris, Gallimard, 1947.

J. Hyppolite, *Introduction à la philosophie de l'histoire de Hegel*, Paris, Rivière, 1948.

E. Weil, *Hegel et l'État*, Paris, Vrin, 1950.

J. Wahl, *Le malheur de la conscience dans la philosophie de Hegel*, 2e éd., Paris, Presses Universitaires de France, 1951.

J. Hyppolite, *Logique et existence. Essai sur la logique de Hegel*, Paris, Presses Universitaires de France, 1953, coll. « Epiméthée ».

P. Asveld, *La pensée religieuse du jeune Hegel*, Louvain, Publications universitaires, 1953.

J. Hyppolite, *Genèse et structure de la Phénoménologie de l'esprit de Hegel*, réédition, Paris, Aubier, 1956.

F. Grégoire, *Études hégéliennes, les points capitaux du système*, Louvain, Nauwelaerts, 1958.

B. Teyssèdre, *L'esthétique de Hegel*, Paris, Presses Universitaires de France, 1958, coll. « Initiation philosophique ».

A. Peperzack, *Le jeune Hegel et la vision morale du monde*, La Haye, Nijhoff, 1960.

R. Garaudy, *Dieu est mort, étude sur Hegel*, Paris, Presses Universitaires de France, 1962.

R. Serreau, *Hegel et l'hégélianisme*, Paris, Presses Universitaires de France, 1962, coll. « Que sais-je ? », n° 1029.

K. Papaioannou, *Hegel*, présentation, choix de textes, Paris, Seghers, 1962.

P. Chamley, *Économie politique et philosophie chez Steuart et Hegel*, Paris, Dalloz, 1963.

Alain, *Idées* (chap. III), réédition, Paris, 1964, coll. « Le monde en 10-18 ».

R. Vancourt, *La pensée religieuse de Hegel*, Paris, Presses Universitaires de France, 1964, coll. « Initiation philosophique ».

C. Bruaire, *Logique et religion chrétienne dans la philosophie de Hegel*, Paris, Éditions du Seuil, 1964.

A. Chapelle, *Hegel et la religion, La problématique*, Paris, Éditions Universitaires, 1964.

E. Fleischmann, *La philosophie politique de Hegel*, Paris, Plon, 1964.

J. Hyppolite, *Études sur Marx et sur Hegel*, 2ᵉ éd., Paris, Rivière, 1965.

J. D'Hondt, *Hegel, philosophe de l'histoire vivante*, Paris, Presses Universitaires de France, 1966, coll. « Épiméthée ».

TABLE DES MATIÈRES

1967-2. — Imprimerie des Presses Universitaires de France. — Vendôme (France)
ÉDIT. N° 29 371   IMPRIMÉ EN FRANCE   IMP. N° 20 073

COLLECTION " PHILOSOPHES "

SUP

VOLUMES PARUS

ALAIN — ARISTOTE
BACHELARD — BACON
BERGSON — CALVIN
CLAUDE BERNARD
BLONDEL
BRUNSCHVICG
AUGUSTE COMTE
DARWIN — DESCARTES
DIDEROT — DURKHEIM
ÉPICURE — FEUERBACH
FICHTE — HEGEL
HEIDEGGER — HUME
HUSSERL — KANT
KIERKEGAARD
LEIBNIZ
LÉVY-BRUHL
LOCKE — LUCRÈCE

MACHIAVEL
MAÏMONIDE
MAINE DE BIRAN
MALEBRANCHE
MARC-AURÈLE — MARX
MERLEAU-PONTY
MONTAIGNE—MOUNIER
NIETZSCHE — PASCAL
PLATON — PROUDHON
RENAN — ROUSSEAU
SAINT AUGUSTIN
SAINT THOMAS D'AQUIN
SCHOPENHAUER
SÉNÈQUE — SOCRATE
SPINOZA — TAINE
TEILHARD DE CHARDIN
TOLSTOÏ — VOLTAIRE
SIMONE WEIL

VOLUMES A PARAITRE :

CAMUS — GANDHI
JASPERS

MONTESQUIEU
PLOTIN — SARTRE

Chaque volume in-8° couronne : F. 5 »